AVANT-PROPOS

Guy de Maupassant est né en 1850 au château de Miromesnil, près de Dieppe. Sa mère appartenait à la haute bourgeoisie normande. Séparée de son mari, elle vivait avec son enfant, qui apprenait à observer le paysage et le peuple normands.

A treize ans, Maupassant partit pour le séminaire d'Yvetot. «A Yvetot, l'enfant docile devenait un vrai petit diable. Le goût de la farce normande, épaisse et volontiers scatologique, aussi forte que la galéjade marseillaise ou la blague bruxelloise, se développait. Guy allait y recourir comme moyen de libération.

Avec cette complaisance satisfaite qu'ont les adultes pour évoquer les années de collège ou de régiment, il enjolivera plus tard ces épisodes, notamment auprès de son valet de chambre et confident François Tassart: *J'avais quatorze ans, j'étais au collège d'Yvetot. On nous donnait à boire une affreuse boisson qu'on appelle abondance. Pour nous venger, un de nous mit la main sur les clés du proviseur. Quand le directeur et les pions furent endormis, nous nous empressâmes de vider le garde-manger et la cave ... Une bombance de tous les diables! Comme j'étais un des meneurs et que surtout je tenais à garder la responsabilité de mes actes, ça me valait la porte*»[1].

Maupassant fut donc bientôt renvoyé de cette institution religieuse à cause de son esprit indépendant, *pour irréligion et scandales divers*[2]. Dans une lettre à Flaubert, ami d'enfance de sa mère, celle-ci écrivait: «Il ne se plaisait guère là-bas: l'austérité de cette vie de cloître allait mal à sa nature impressionnable et fine et le pauvre enfant étouffait derrière

1) Armand Lanoux, Maupassant le bel-ami, Fayard 1967, p. 32
2) idem

ces hautes murailles . . .»[3]. Ensuite Maupassant passa au collège de Rouen, où il se plaisait mieux. En juillet 1869, il passa le baccalauréat à Caen, en octobre il s'inscrivit à la Faculté de Droit à Paris.

En 1870, Maupassant faisait campagne comme garde mobile. Après la paix, il accepta une place au ministère de la Marine à Paris, car, faute d'argent, il ne pouvait entreprendre sa seconde année de droit. Ce travail ne le satisfit pas; il apprit, avec Flaubert, son métier d'homme de lettres. En 1878, il passa au ministère de l'Instruction Publique. Il le quitta bientôt, parce que la publication de *Boule-de-Suif* (1880) le rendit célèbre et sûr de son talent de conteur. Il se consacra alors aux contes et aux romans. Pendant dix ans il travailla fiévreusement, il eut du succès. Il fit des voyages à l'étranger: il visita l'Algérie (1881), l'Italie, la Sicile et la Corse (1885), l'Angleterre (1886). Chaque automne, il rentrait en Normandie pour la chasse.

En pleine activité littéraire, Maupassant sentit bientôt diminuer son énergie par suite d'une maladie mentale (1891). Il était obsédé par l'idée de la mort. Conduit à Paris dans une maison de santé, il y mourut en 1893, sans avoir retrouvé sa lucidité.

Dans les centaines de contes qu'il a écrits avec une énergie infatigable jusqu'au début de ses troubles mentaux, Maupassant s'est révélé comme un maître dans l'art du récit.

Dans ce recueil scolaire de contes souriants et cocasses de Maupassant s'unissent deux aspects: sa précision de l'observation et son goût de la *farce*, de la *galéjade* et de la *blague*.

Souhaitons que cette sélection contribue à faire rire nos jeunes lecteurs.

---

3) idem

LA FARCE

MÉMOIRES D'UN FARCEUR

Nous vivons dans un siècle où les farceurs ont des allures de croque-morts et se nomment: politiciens. On ne fait plus chez nous la vraie farce, la bonne farce, la farce joyeuse, saine et simple de nos pères. Et, pourtant, quoi de plus amusant et de plus drôle que la farce? Quoi de plus amusant que de mystifier des âmes crédules, que de bafouer des niais, de duper les plus malins, de faire tomber les plus retors en des pièges inoffensifs et comiques? Quoi de plus délicieux que de se moquer des gens avec talent, de les forcer à rire eux-mêmes de leur naïveté, ou bien, quand ils se fâchent, de se venger par une nouvelle farce?

Oh! j'en ai fait, j'en ai fait des farces, dans mon existence. Et on m'en a fait aussi, morbleu! et de bien bonnes. Oui, j'en ai fait, de désopilantes et de terribles. Une de mes victimes est morte des suites. Ce ne fut une perte pour personne. Je dirai cela un jour; mais j'aurai grand mal à le faire avec retenue, car ma farce n'était pas convenable, mais pas du tout, pas du tout. Elle eut lieu dans un petit village des environs de Paris. Tous les témoins pleurent encore de rire à ce souvenir, bien que le mystifié en soit mort. Paix à son âme!

J'en veux aujourd'hui raconter deux, la dernière que j'ai subie et la première que j'ai infligée.

Commençons par la dernière, car je la trouve moins amusante, vu que j'en fus victime.

J'allais chasser, à l'automne, chez des amis, en un château de Picardie. Mes amis étaient des farceurs, bien entendu. Je ne veux pas connaître d'autres gens.

Quand j'arrivai, on me fit une réception princière qui me mit en défiance. On tira des coups de fusil; on m'embrassa, on me cajola comme si on attendait de moi de grands plaisirs; je me dis: «Attention, vieux furet, on prépare quelque chose.»

Pendant le dîner la gaîté fut excessive, trop grande. Je pensais: «Voilà des gens qui s'amusent double, et sans raison apparente. Il faut qu'ils aient dans l'esprit l'attente de quelque bon tour. C'est à moi qu'on le destine assurément. Attention.»

Pendant toute la soirée on rit avec exagération. Je sentais dans l'air une farce, comme le chien sent le gibier. Mais quoi? J'étais en éveil, en inquiétude. Je ne laissais passer ni un mot, ni une intention, ni un geste. Tout me semblait suspect, jusqu'à la figure des domestiques.

L'heure de se coucher sonna, et voilà qu'on se mit à me reconduire à ma chambre en procession. Pourquoi? On me cria bonsoir. J'entrai, je fermai ma porte, et je demeurai debout, sans faire un pas, ma bougie à la main.

J'entendais rire et chuchoter dans le corridor. On m'épiait sans doute. Et j'inspectais de l'œil les murs, les meubles, le plafond, les tentures, le parquet. Je n'aperçus rien de suspect. J'entendis marcher derrière ma porte. On venait assurément regarder à la serrure.

Une idée me vint: «Ma lumière va peut-être s'éteindre tout à coup et me laisser dans l'obscurité.» Alors j'allumai toutes les bougies de la cheminée. Puis je regardai encore autour de moi sans rien découvrir. J'avançai à petits pas faisant le tour de l'appartement. — Rien. — J'inspectai tous les objets l'un après l'autre — Rien. — Je m'approchai de la fenêtre. Les auvents, de gros auvents en bois plein, étaient demeurés ouverts. Je les fermai avec soin, puis je tirai les rideaux, d'énormes rideaux de velours, et je plaçai une chaise devant, afin de n'avoir rien à craindre du dehors.

Alors je m'assis avec précaution. Le fauteuil était solide. Je n'osais pas me coucher. Cependant le temps marchait. Et je finis par reconnaître que j'étais ridicule. Si on m'espionnait, comme je le supposais, on devait, en attendant le succès de la mystification préparée, rire énormément de ma terreur.

Je résolus donc de me coucher. Mais le lit m'était particulièrement suspect. Je tirai sur les rideaux. Ils semblaient tenir. Là était le danger pourtant. J'allais peut-être recevoir une douche glacée du ciel-de-lit, ou bien, à peine étendu, m'enfoncer sous terre avec mon sommier. Je cherchais en ma mémoire tous les souvenirs de farces accomplies. Et je ne voulais pas être pris. Ah! mais non! Ah! mais non!

Alors je m'avisai soudain d'une précaution que je jugeai souveraine. Je saisis délicatement le bord du matelas, et je le tirai vers moi avec douceur. Il vint, suivi du drap et des couvertures. Je traînai tous ces objets au beau milieu de la chambre, en face de la porte d'entrée. Je refis là mon lit, le mieux que je pus, loin de la couche suspecte et de l'alcôve inquiétante. Puis, j'éteignis toutes les lumières, et je revins à tâtons me glisser dans mes draps.

Je demeurai au moins encore une heure éveillé tressaillant au moindre bruit. Tout semblait calme dans le château. Je m'endormis.

J'ai dû dormir longtemps, et d'un profond sommeil; mais soudain je fus réveillé en sursaut par la chute d'un corps pesant abattu sur le mien, et, en même temps, je reçus sur la figure, sur le cou, sur la poitrine un liquide brûlant qui me fit pousser un hurlement de douleur. Et un bruit épouvantable comme si un buffet chargé de vaisselle se fût écroulé m'entra dans les oreilles.

J'étouffais sous la masse tombée sur moi, et qui ne remuait plus. Je tendis les mains, cherchant à reconnaître la nature de cet objet. Je rencontrai une figure, un nez, des favoris. Alors, de toute ma force, je lançai un coup de poing dans ce visage. Mais je reçus immédiatement une grêle de gifles qui me firent sortir, d'un bond, de mes draps trempés, et me sauver, en chemise, dans le corridor, dont j'apercevais la porte ouverte.

O stupeur! il faisait grand jour. On accourut au bruit et on trouva, étendu sur mon lit, le valet de chambre éperdu qui, m'apportant le thé du matin, avait rencontré sur sa route ma couche improvisée, et m'était tombé sur le ventre en me versant, bien malgré lui, mon déjeuner sur la figure.

Les précautions prises de bien fermer les auvents et de me coucher au milieu de ma chambre m'avaient seules fait la farce redoutée.

Ah! on a ri, ce jour-là!

*

L'autre farce que je veux dire date de ma première jeunesse. J'avais quinze ans, et je venais passer chaque vacance chez mes parents, toujours dans un château, toujours en Picardie.

Nous avions souvent en visite une vieille dame d'Amiens, insupportable, prêcheuse, hargneuse, grondeuse, mauvaise et vindicative. Elle m'avait pris en haine, je ne sais pourquoi, et elle ne cessait de rapporter contre moi, tournant en mal mes moindres paroles et mes moindres actions. Oh! la vieille chipie!

Elle s'appelait Mme Dufour, portait une perruque du plus beau noir, bien qu'elle fût âgée d'au moins soixante ans, et posait là-dessus des petits bonnets ridicules à rubans roses. On la respectait parce qu'elle était riche. Moi, je la détestais du fond du cœur et je résolus de me venger de ses mauvais procédés.

Je venais de terminer ma classe de seconde et j'avais été frappé particulièrement, dans le cours de chimie, par les propriétés d'un corps qui s'appelle le phosphure de calcium, et qui, jeté dans l'eau, s'enflamme, détone et dégage des couronnes de vapeur blanche d'une odeur infecte. J'avais chipé, pour m'amuser pendant les vacances, quelques poignées de cette matière assez semblable à l'œil à ce qu'on nomme communément du cristau.

J'avais un cousin du même âge que moi. Je lui communiquai mon projet. Il fut effrayé de mon audace.

Donc, un soir, pendant que toute la famille se tenait encore au salon, je pénétrai furtivement dans la chambre de Mme Dufour, et je m'emparai (pardon, Mesdames) d'un récipient de forme ronde qu'on cache ordinairement non loin de la tête du lit. Je m'assurai qu'il était parfaitement sec et je déposai dans le fond une poignée, une grosse poignée, de phosphure de calcium.

Puis j'allai me cacher dans le grenier, attendant l'heure. Bientôt un bruit de voix et de pas m'annonça qu'on montait dans les appartements; puis le silence se fit. Alors, je descendis nu-pieds, retenant mon souffle, et j'allai placer mon œil à la serrure de mon ennemie.

Elle rangeait avec soin ses petites affaires. Puis elle ôta peu à peu ses hardes, endossa un grand peignoir blanc qui semblait collé sur ses os. Elle prit un verre, l'emplit d'eau, et enfonçant une main dans sa bouche comme si elle eût voulu s'arracher la langue, elle en fit sortir quelque chose de rose et blanc, qu'elle déposa aussitôt dans l'eau. J'eus peur comme si je venais d'assister à quelque mystère honteux et terrible. Ce n'était que son râtelier.

Puis elle enleva sa perruque brune et apparut avec un petit crâne poudré de quelques cheveux blancs, si comique que je faillis, cette fois, éclater de rire derrière la porte. Puis elle fit sa prière, se releva, s'approcha de mon instrument de vengeance, le déposa par terre au milieu de la chambre, et se baissant, le recouvrit entièrement de son peignoir.

J'attendais, le cœur palpitant. Elle était tranquille, contente, heureuse. J'attendais . . . heureux aussi, moi, comme on l'est quand on se venge.

J'entendis d'abord un très léger bruit, un clapotement, puis aussitôt une série de détonations sourdes comme une fusillade lointaine.

Il se passa, en une seconde, sur le visage de Mme Dufour, quelque chose d'affreux et de surprenant. Ses yeux s'ouvrirent, se fermèrent, se rouvrirent, puis elle se leva tout à coup avec une souplesse dont je ne l'aurais pas crue capable, et elle regarda . . .

L'objet blanc crépitait, détonait, plein de flammes rapides et flottantes comme le feu grégeois des anciens. Et une fumée épaisse s'en élevait, montant vers le plafond, une fumée mystérieuse, effrayante comme un sortilège

Que dut-elle penser, la pauvre femme? Crut-elle à une ruse du Diable? A une maladie épouvantable? Crut-elle que ce feu, sorti d'elle, allait lui ronger les entrailles, jaillir comme d'une gueule de volcan ou la faire éclater comme un canon trop chargé?

Elle demeurait debout, folle d'épouvante, le regard tendu sur le phénomène. Puis tout à coup elle poussa un cri comme je n'en ai jamais entendu et s'abattit sur le dos.

Je me sauvai et je m'enfonçai dans mon lit et je fermai les yeux avec force comme pour me prouver à moi-même que je n'avais rien fait, rien vu, que je n'avais pas quitté ma chambre.

Je me disais: «Elle est morte! Je l'ai tuée!» Et j'écoutais anxieusement les rumeurs de la maison.

On allait; on venait; on parlait; puis, j'entendis qu'on riait; puis, je reçus une pluie de calottes envoyées par la main paternelle.

Le lendemain Mme Dufour était fort pâle. Elle buvait de l'eau à tout moment. Peut-être, malgré les assurances du médecin, essayait-elle d'éteindre l'incendie qu'elle croyait enfermé dans son flanc.

Depuis ce jour, quand on parle devant elle de maladie, elle pousse un profond soupir, et murmure: «Oh! Madame, si vous saviez! Il y a des maladies si singulières . . .»

Elle n'en dit jamais davantage.

(18 décembre 1883.)

LE VOLEUR

Puisque je vous dis qu'on ne la croira pas.

— Racontez tout de même.

— Je le veux bien. Mais j'éprouve d'abord le besoin de vous affirmer que mon histoire est vraie en tous points, quelque invraisemblable qu'elle paraisse. Les peintres seuls ne s'étonneront point, surtout les vieux qui ont connu cette époque où l'esprit farceur sévissait si bien qu'il nous hantait encore dans les circonstances les plus graves.»

Et le vieil artiste se mit à cheval sur une chaise.

Ceci se passait dans la salle à manger d'un hôtel de Barbizon.

Il reprit:

— Donc nous avions dîné ce soir-là chez le pauvre Sorieul, aujourd'hui mort, le plus enragé de nous. Nous étions trois seulement: Sorieul, moi et Le Poittevin, je crois; mais je n'oserais affirmer que c'était lui. Je parle, bien entendu, du peintre de marine Eugène Le Poittevin, mort aussi, et non du paysagiste, bien vivant et plein de talent.

Dire que nous avions dîné chez Sorieul, cela signifie que nous étions gris. Le Poittevin seul avait gardé sa raison, un peu noyée il est vrai, mais claire encore. Nous étions jeunes, en ce temps-là. Étendus sur des tapis, nous discourions extravagamment dans la petite chambre qui touchait à l'atelier. Sorieul, le dos à terre, les jambes sur une chaise, parlait bataille, discourait sur les uniformes de l'Empire, et soudain se levant, il prit dans sa grande armoire aux accessoires une tenue complète de hussard, et s'en revêtit. Après quoi il contraignit Le Poittevin à se costumer en grenadier. Et comme celui-ci résistait, nous l'empoignâmes, et, après l'avoir déshabillé, nous l'introduisîmes dans un uniforme immense où il fut englouti.

Je me déguisai moi-même en cuirassier. Et Sorieul nous fit exécuter un mouvement compliqué. Puis il s'écria: «Puisque nous sommes ce soir des soudards, buvons comme des soudards.»

Un punch fut allumé, avalé, puis une seconde fois la flamme s'éleva sur le bol rempli de rhum. Et nous chantions à pleine gueule des chansons anciennes, des chansons que braillaient jadis les vieux troupiers de la grande armée.

Tout à coup Le Poittevin, qui restait, malgré tout, presque maître de lui, nous fit taire, puis, après un silence de quelques secondes, il dit à mi-voix: «Je suis sûr qu'on a marché dans l'atelier.» Sorieul se leva comme il put, et s'écria: «Un voleur! quelle chance!» Puis, soudain, il entonna la *Marseillaise*:

Aux armes, citoyens!

Et, se précipitant sur une panoplie, il nous équipa, selon nos uniformes. J'eus une sorte de mousquet et un sabre; Le Poittevin, un gigantesque fusil a baïonnette et Sorieul, ne trouvant pas ce qu'il fallait, s'empara d'un pistolet d'arçon qu'il glissa dans sa ceinture, et d'une hache d'abordage qu'il brandit. Puis il ouvrit aevc précaution la porte de l'atelier, et l'armée entra sur le territoire suspect.

Quand nous fûmes au milieu de la vaste pièce encombrée de toiles immenses, de meubles, d'objets singuliers et inattendus, Sorieul nous dit: «Je me nomme général. Tenons un conseil de guerre. Toi, les cuirassiers, tu vas couper la retraite à l'ennemi, c'est-à-dire donner un tour de clef à la porte. Toi, les grenadiers, tu seras mon escorte.»

J'exécutai le mouvement commandé, puis je rejoignis le gros des troupes qui opérait une reconnaissance.

Au moment où j'allais le rattraper derrière un grand paravent, un bruit furieux éclata. Je m'élançai, portant toujours une bougie à la main. Le Poittevin venait de traverser d'un coup de baïonnette la poitrine d'un mannequin dont Sorieul fendait la tête à coups de hache. L'erreur reconnue, le général commanda: «Soyons prudents», et les opérations recommencèrent.

Depuis vingt minutes au moins on fouillait tous les coins et recoins de l'atelier, sans succès, quand Le Poittevin eut l'idée d'ouvrir un immense placard. Il était sombre et profond, j'avançai mon bras qui tenait la lumière, et je reculai stupéfait; un homme était là, un homme vivant, qui m'avait regardé.

Immédiatement, je refermai le placard à deux tours de clef, et on tint de nouveau conseil.

Les avis étaient très partagés. Sorieul voulait enfumer le voleur. Le Poittevin parlait de le prendre par la famine. Je proposai de faire sauter le placard avec de la poudre.

L'avis de Le Poittevin prévalut; et, pendant qu'il montait la garde avec son grand fusil, nous allâmes chercher le reste du punch et nos pipes, puis on s'installa devant la porte fermée, et on but au prisonnier.

Au bout d'une demi-heure, Sorieul dit: «C'est égal, je voudrais bien le voir de près. Si nous nous emparions de lui par la force?»

Je criai: «Bravo!» Chacun s'élança sur ses armes; la porte du placard fut ouverte, et Sorieul, armant son pistolet qui n'était pas chargé, se précipita le premier.

Nous le suivîmes en hurlant. Ce fut une bousculade effroyable dans l'ombre; et après cinq minutes d'une lutte invraisemblable, nous ramenâmes au jour une sorte de vieux bandit à cheveux blancs, sordide et déguenillé.

On lui lia les pieds et les mains, puis on l'assit dans un fauteuil. Il ne prononça pas une parole.

Alors Sorieul, pénétré d'une ivresse solennelle, se tourna vers nous:

«Maintenant nous allons juger ce misérable.»

J'étais tellement gris que cette proposition me parut toute naturelle.

Le Poittevin fut chargé de présenter la défense et moi de soutenir l'accusation.

Il fut condamné à mort à l'unanimité moins une voix, celle de son défenseur.

«Nous allons l'exécuter», dit Sorieul. Mais un scrupule lui vint: «Cet homme ne doit pas mourir privé des secours de la religion. Si on allait chercher un prêtre?» J'objectai qu'il était tard. Alors Sorieul me proposa de remplir cet office; et il exhorta le criminel à se confesser dans mon sein.

L'homme, depuis cinq minutes, roulait des yeux épouvantés, se demandant à quel genre d'êtres il avait affaire. Alors il articula d'une voix creuse, brûlée par l'alcool: «Vous voulez rire, sans doute.» Mais Sorieul l'agenouilla de force, et, de crainte que ses parents eussent omis de le faire baptiser, il lui versa sur le crâne un verre de rhum.

Puis il dit:

«Confesse-toi à Monsieur; ta dernière heure a sonné.»

Éperdu, le vieux gredin se mit à crier:

«Au secours!» avec une telle force qu'on fut contraint de le bâillonner pour ne pas réveiller tous les voisins. Alors il se roula par terre, ruant et se tordant, renversant les meubles, crevant les toiles. A la fin, Sorieul, impatienté, cria: «Finissons-en.» Et visant le misérable étendu par terre, il pressa la détente de son pistolet. Le chien tomba avec un petit bruit sec. Emporté par l'exemple, je tirai à mon tour. Mon fusil, qui était à pierre, lança une étincelle dont je fus surpris.

Alors Le Poittevin prononça gravement ces paroles: «Avons-nous bien le droit de tuer cet homme?»

Sorieul, stupéfait, répondit: «Puisque nous l'avons condamné à mort!»

Mais Le Poittevin reprit: «On ne fusille pas les civils, celui-ci doit être livré au bourreau. Il faut le conduire au poste.»

L'argument nous parut concluant. On ramassa l'homme, et comme il ne pouvait marcher, il fut placé sur une planche de table à modèle, solidement attaché, et je l'emportai avec Le Poittevin, tandis que Sorieul, armé jusqu'aux dents, fermait la marche.

Devant le poste, la sentinelle nous arrêta. Le chef de poste, mandé, nous reconnut, et, comme chaque jour il était témoin de nos farces, de nos scies, de nos inventions invraisemblables, il se contenta de rire et refusa notre prisonnier.

Sorieul insista: alors le soldat nous invita sévèrement à retourner chez nous sans faire de bruit.

La troupe se remit en route et rentra dans l'atelier. Je demandai: «Qu'allons-nous faire du voleur?»

Le Poittevin, attendri, affirma qu'il devait être bien fatigué, cet homme. En effet, il avait l'air agonisant, ainsi ficelé, bâillonné, ligaturé sur sa planche.

Je fus pris à mon tour d'une pitié violente, une pitié d'ivrogne, et, enlevant son bâillon, je lui demandai: «Eh bien, mon pauv' vieux, comment ça va-t-il?»

Il gémit: «J'en ai assez, nom d'un chien!» Alors Sorieul devint paternel. Il le délivra de tous ses liens, le fit asseoir, le tutoya, et, pour le réconforter, nous nous mîmes tous trois à préparer bien vite un nouveau punch. Le voleur, tranquille dans son fauteuil, nous regardait. Quand la boisson fut prête, on lui tendit un verre; nous lui aurions volontiers soutenu la tête, et on trinqua.

Le prisonnier but autant qu'un régiment. Mais, comme le jour commençait à paraître, il se leva, et, d'un air fort calme: «Je vais être obligé de vous quitter, parce qu'il faut que je rentre chez moi.»

Nous fûmes désolés; on voulut le retenir, mais il se refusa à rester plus longtemps.

Alors on se serra la main, et Sorieul, avec sa bougie, l'éclaira dans le vestibule, en criant: «Prenez garde à la marche sous la porte cochère.»

On riait franchement autour du conteur. Il se leva, alluma sa pipe, et il ajouta, en se campant en face de nous:

«Mais le plus drôle de mon histoire, c'est qu'elle est vraie.»

(21 juin 1882.)

LE DIABLE

Le paysan restait debout en face du médecin, devant le lit de la mourante. La vieille, calme, résignée, lucide, regardait les deux hommes et les écoutait causer. Elle allait mourir; elle ne se révoltait pas, son temps était fini, elle avait quatre-vingt-douze ans.

Par la fenêtre et la porte ouvertes, le soleil de juillet entrait à flots, jetait sa flamme chaude sur le sol de terre brune, onduleux et battu par les sabots de quatre générations de rustres. Les odeurs des champs venaient aussi, poussées par la brise cuisante, odeurs des herbes, des blés, des feuilles, brûlés sous la chaleur de midi. Les sauterelles s'égosillaient, emplissaient la campagne d'un crépitement clair, pareil au bruit des criquets de bois qu'on vend aux enfants dans les foires.

Le médecin, élevant la voix, disait:

«Honoré, vous ne pouvez pas laisser votre mère toute seule dans cet état-là. Elle passera d'un moment à l'autre!»

Et le paysan, désolé, répétait:

«Faut pourtant que j'rentre mon blé; v'là trop longtemps qu'il est à terre. L'temps est bon, justement. Qué qu' t'en dis, ma mé?»

Et la vieille mourante, tenaillée encore par l'avarice normande, faisait «oui» de l'œil et du front, engageait son fils à rentrer son blé et à la laisser mourir toute seule.

Mais le médecin se fâcha et, tapant du pied:

«Vous n'êtes qu'une brute, entendez-vous, et je ne vous permettrai pas de faire ça, entendez-vous! Et, si vous êtes forcé de rentrer votre blé aujourd'hui même, allez chercher la Rapet, parbleu! et faites-lui garder votre mère. Je le veux, entendez-vous! Et si vous ne m'obéissez pas, je vous laisserai crever comme un chien, quand vous serez malade à vōtre tour, entendez-vous ?»

Le paysan, un grand maigre, aux gestes lents, torturé par l'indécision, par la peur du médecin et par l'amour féroce de l'épargne, hésitait, calculait, balbutiait:

«Comben qu'é prend, la Rapet, pour une garde ?»

Le médecin criait:

«Est-ce que je sais, moi ? Ça dépend du temps que vous lui demanderez. Arrangez-vous avec elle, morbleu ! Mais je veux qu'elle soit ici dans une heure, entendez-vous ?»

L'homme se décida:

«J'y vas, j'y vas; vous fâchez point, m'sieu l'Médecin.»

Et le docteur s'en alla, en appelant:

«Vous savez, vous savez, prenez garde, car je ne badine pas quand je me fâche, moi !»

Dès qu'il fut seul, le paysan se tourna vers sa mère, et, d'une voix résignée:

«J'vas quéri la Rapet, pisqu'il veut, c't' homme. T'éluge point tant qu'je r'vienne.»

Et il sortit à son tour.

La Rapet, une vieille repasseuse, gardait les morts et les mourants de la commune et des environs. Puis, dès qu'elle avait cousu ses clients dans le drap dont ils ne devaient plus sortir, elle revenait prendre son fer dont elle frottait le linge des vivants. Ridée comme une pomme de l'autre année, méchante, jalouse, avare d'une avarice tenant du phénomène, courbée en deux comme si elle eût été cassée aux reins par l'éternel mouvement du fer promené sur les toiles, on eût dit qu'elle avait pour l'agonie une sorte d'amour monstrueux et cynique. Elle ne parlait jamais que des gens qu'elle avait vus mourir, de toutes les variétés de trépas auxquelles elle avait assisté; et elle les racontait avec une grande minutie de détails toujours pareils, comme un chasseur raconte ses coups de fusil.

Quand Honoré Bontemps entra chez elle, il la trouva préparant de l'eau bleue pour les collerettes des villageoises.

Il dit:

«Allons, bonsoir; ça va-t-il comme vous voulez, la mé Rapet?»

Elle tourna vers lui la tête:

«Tout d'même, tout d'même. Et d' vot' part?

— Oh! d'ma part, ça va-t-à volonté, mais c'est ma mé qui n'va point.

— Vot' mé?

— Oui, ma mé!

— Qué qu'alle a votre mé?

— All' a qu'a va tourner d'l'œil!»

La vieille femme retira ses mains de l'eau, dont les gouttes, bleuâtres et transparentes, lui glissaient jusqu'au bout des doigts, pour retomber dans le baquet.

Elle demanda, avec une sympathie subite:

«All' est si bas qu'ça?

— L'médecin dit qu'all' n'passera point la r'levée.

— Pour sûr qu'all'est bas alors!»

Honoré hésita. Il lui fallait quelques préambules pour la proposition qu'il préparait. Mais, comme il ne trouvait rien, il se décida tout d'un coup:

«Comben qu'vous m'prendrez pour la garder jusqu'au bout? Vô savez que j'sommes point riches. J'peux seulement point m'payer eune servante. C'est ben ça qui l'a mise là, ma pauv' mé, trop d'élugement, trop d'fatigue! A travaillait comme dix, nonobstant ses quatre-vingt-douze. On n'en fait pu de c'te graine-là!...»

La Rapet répliqua gravement:

«Y a deux prix: quarante sous l'jour, et trois francs la nuit pour les riches. Vingt sous l'jour et quarante la nuit pour l'zautres. Vô m'donnerez vingt et quarante.»

Mais le paysan réfléchissait. Il la connaissait bien, sa mère. Il savait comme elle était tenace, vigoureuse, résistante. Ça pouvait durer huit jours, malgré l'avis du médecin.

Il dit résolument:

«Non. J'aime ben qu'vô me fassiez un prix, là, un prix pour jusqu'au bout. J'courrons la chance d'part et d'autre. L'médecin dit qu'alle passera tantôt. Si ça s'fait tant mieux pour vous, tant pis pour mé. Ma si all' tient jusqu'à demain ou pu longtemps tant mieux pour mé, tant pis pour vous!»

La garde, surprise, regardait l'homme. Elle n'avait jamais traité un trépas à forfait. Elle hésitait, tentée par l'idée d'une chance à courir. Puis elle soupçonna qu'on voulait la jouer.

«J'peux rien dire tant qu'j'aurai point vu vot' mé, répondit-elle.

— V'nez-y, la vé.»

Elle essuya ses mains et le suivit aussitôt.

En route, ils ne parlèrent point. Elle allait d'un pied pressé, tandis qu'il allongeait ses grandes jambes comme s'il devait, à chaque pas, traverser un ruisseau.

Les vaches couchées dans les champs, accablées par la chaleur, levaient lourdement la tête et poussaient un faible meuglement vers ces deux gens qui passaient, pour leur demander de l'herbe fraîche.

En approchant de sa maison, Honoré Bontemps murmura:

«Si c'était fini, tout d'même?»

Et le désir inconscient qu'il en avait se manifesta dans le son de sa voix.

Mais la vieille n'était point morte. Elle demeurait sur le dos, en son grabat, les mains sur la couverture d'indienne violette, des mains affreusement maigres, nouées, pareilles à des bêtes étranges, à des crabes, et fermées par les rhumatismes, les fatigues, les besognes presque séculaires qu'elles avaient accomplies.

La Rapet s'approcha du lit et considéra la mourante. Elle lui tâta le pouls, lui palpa la poitrine, l'écouta respirer, la questionna pour l'entendre parler; puis l'ayant encore longtemps contemplée, elle sortit suivie d'Honoré. Son opinion était assise. La vieille n'irait pas à la nuit. Il demanda:

«Hé ben?»

La garde répondit:

«Hé ben, ça durera deux jours, p'têt' trois. Vous me donnerez six francs, tout compris.»

Il s'écria:

«Six francs! six francs! Avez-vous perdu le sens? Mé, je vous dis qu'elle en a pour cinq on six heures, pas plus!»

Et ils discutèrent longtemps, acharnés tous deux. Comme la garde allait se retirer, comme le temps passait, comme son blé ne se rentrerait pas tout seul, à la fin, il consentit: «Eh ben, c'est dit, six francs, tout compris, jusqu'à la l'vée du corps.

— C'est dit, six francs.»

Et il s'en alla, à longs pas, vers son blé couché sur le sol, sous le lourd soleil qui mûrit les moissons.

La garde entra dans la maison.

Elle avait apporté de l'ouvrage; car auprès des mourants et des morts elle travaillait sans relâche, tantôt pour elle, tantôt pour la famille qui l'employait à cette double besogne moyennant un supplément de salaire.

Tout à coup, elle demanda:

«Vous a-t-on administrée au moins, la mé Bontemps?»

La paysanne fit «non» de la tête; et la Rapet qui était dévote, se leva avec vivacité.

«Seigneur Dieu, c'est-il possible? J'vas quérir m'sieur l'curé.»

Et elle se précipita vers le presbytère, si vite, que les gamins, sur la place, la voyant trotter ainsi, crurent un malheur arrivé.

Le prêtre s'en vint aussitôt, en surplis, précédé de l'enfant de chœur qui sonnait une clochette pour annoncer le passage de Dieu dans la campagne brûlante et calme. Des hommes, qui travaillaient au loin, ôtaient leurs grands chapeaux et demeuraient immobiles en attendant que le blanc vêtement eût disparu derrière une ferme; les femmes qui ramassaient les gerbes se redressaient pour faire le signe de la croix, des poules noires, effrayées, fuyaient le long des fossés en se balançant sur leurs pattes jusqu'au trou, bien connu d'elles, où elles disparaissaient brusquement; un poulain, attaché dans un pré, prit peur à la vue du surplis et se mit à tourner en rond au bout de sa corde, en lançant des ruades. L'enfant de chœur, en jupe rouge, allait vite; et le prêtre, la tête inclinée sur une épaule et coiffé de sa barrette carrée, le suivait en murmurant des prières; et la Rapet venait derrière, toute penchée, pliée en deux, comme pour se prosterner en marchant, et les mains jointes, comme à l'église.

Honoré, de loin, les vit passer. Il demanda:

«Oùsqu'i va, not'curé?»

Son valet, plus subtil, répondit:

«I porte l'bon Dieu à ta mé, pardi!»

Le paysan ne s'étonna pas:

«Ça s'peut ben, tout d'même!»

Et il se remit au travail.

La mère Bontemps se confessa, reçut l'absolution, communia; et le prêtre s'en revint, laissant seules les deux femmes dans la chaumière étouffante.

Alors la Rapet commença à considérer la mourante, en se demandant si cela durerait longtemps.

Le jour baissait; l'air plus frais entrait par souffles plus vifs, faisait voltiger contre le mur une image d'Épinal tenue par deux épingles; les petits rideaux de la fenêtre, jadis blancs, jaunes maintenant et couverts de taches de mouche, avaient l'air de s'envoler, de se débattre, de vouloir partir, comme l'âme de la vieille.

Elle, immobile, les yeux ouverts, semblait attendre avec indifférence la mort si proche qui tardait à venir. Son haleine, courte, sifflait un peu dans sa gorge serrée. Elle s'arrêterait tout à l'heure, et il y aurait sur la terre une femme de moins, que personne ne regretterait.

A la nuit tombante, Honoré rentra. S'étant approché du lit, il vit que sa mère vivait encore, et il demanda:

«Ça va-t-il?»

Comme il faisait autrefois quand elle était indisposée.

Puis il renvoya la Rapet en lui recommandant:

«D'main, cinq heures, sans faute.»

Elle répondit:

«D'main, cinq heures.»

Elle arriva, en effet, au jour levant.

Honoré, avant de se rendre aux terres, mangeait sa soupe, qu'il avait faite lui-même.

La garde demanda:

«Eh ben, vot' mé a-t-all' passé?»

Il répondit, avec un pli malin au coin des yeux:

«All' va plutôt mieux.»

Et il s'en alla.

La Rapet, saisie d'inquiétude, s'approcha de l'agonisante, qui demeurait dans le même état, oppressée et impassible, l'œil ouvert et les mains crispées sur sa couverture.

Et la garde comprit que cela pouvait durer deux jours, quatre jours, huit jours ainsi; et une épouvante étreignit son cœur d'avare, tandis qu'une colère furieuse la soulevait contre ce finaud qui l'avait jouée et contre cette femme qui ne mourait pas.

Elle se mit au travail néanmoins et attendit, le regard fixé sur la face ridée de la mère Bontemps.

Honoré revint pour déjeuner; il semblait content, presque goguenard; puis il repartit. Il rentrait son blé, décidément, dans des conditions excellentes.

La Rapet s'exaspérait; chaque minute écoulée lui semblait, maintenant, du temps volé, de l'argent volé. Elle avait envie, une envie folle de prendre par le cou cette vieille bourrique, cette vieille têtue, cette vieille obstinée, et d'arrêter, en serrant un peu, ce petit souffle rapide qui lui volait son temps et son argent.

Puis elle réfléchit au danger; et, d'autres idées lui passant par la tête, elle s'approcha du lit.

Elle demanda:

«Vous avez-t-il déjà vu l'Diable?»

La mère Bontemps murmura:

«Non.»

Alors la garde se mit à causer, à lui conter des histoires pour terroriser son âme débile de mourante.

Quelques minutes avant qu'on expirât, le Diable apparaissait, disait-elle, à tous les agonisants. Il avait un balai à la main, une marmite sur la tête, et il poussait de grands cris. Quand on l'avait vu, c'était fini, on n'en avait plus que pour peu d'instants. Et elle énumérait tous ceux à qui le Diable était apparu devant elle, cette année-là: Joséphine Loisel, Eulalie Ratier, Sophie Padagnau, Séraphine Grospied.

La mère Bontemps, émue enfin, s'agitait, remuait les mains, essayait de tourner la tête pour regarder au fond de la chambre.

Soudain la Rapet disparut au pied du lit. Dans l'armoire, elle prit un drap et s'enveloppa dedans; elle se coiffa de la marmite, dont les trois pieds courts et courbés se dressaient ainsi que trois cornes; elle saisit un balai de sa main droite, et, de la main gauche, un seau de fer-blanc, qu'elle jeta brusquement en l'air pour qu'il retombât avec bruit.

Il fit, en heurtant le sol, un fracas épouvantable; alors, grimpée sur une chaise, la garde souleva le rideau qui pendait au bout du lit, et elle apparut, gesticulant, poussant des clameurs aiguës au fond du pot de fer qui lui cachait la face, et menaçant de son balai, comme un diable de guignol, la vieille paysanne à bout de vie.

Éperdue, le regard fou, la mourante fit un effort surhumain pour se soulever et s'enfuir; elle sortit même de sa couche ses épaules et sa poitrine; puis elle retomba avec un grand soupir. C'était fini.

Et la Rapet, tranquillement, remit en place tous les objets, le balai au coin de l'armoire, le drap dedans, la marmite sur le foyer, le seau sur la planche et la chaise contre le mur. Puis, avec les gestes professionnels, elle ferma les yeux énormes de la morte, posa sur le lit une assiette, versa dedans l'eau du bénitier, y trempa le buis cloué sur la commode et, s'agenouillant, se mit à réciter avec ferveur les prières des trépassés qu'elle savait par cœur, par métier.

Et quand Honoré rentra, le soir venu, il la trouva priant, et il calcula tout de suite qu'elle gagnait encore vingt sous sur lui, car elle n'avait passé que trois jours et une nuit, ce qui faisait en tout cinq francs, au lieu de six qu'il lui devait.

(5 août 1886.)

TOINE

I

On le connaissait à dix lieues aux environs, le père Toine, le gros Toine, Toine-ma-Fine, Antoine Mâcheblé, dit Brûlot, le cabaretier de Tournevent.

Il avait rendu célèbre le hameau enfoncé dans un pli du vallon qui descendait vers la mer, pauvre hameau paysan composé de dix maisons normandes entourées de fossés et d'arbres.

Elles étaient là, ces maisons, blotties dans ce ravin couvert d'herbe et d'ajonc, derrière la courbe qui avait fait nommer ce lieu Tournevent. Elles semblaient avoir cherché un abri dans ce trou comme les oiseaux qui se cachent dans les sillons les jours d'ouragan, un abri contre le grand vent de mer, le vent du large, le vent dur et salé, qui ronge et brûle comme le feu, dessèche et détruit comme les gelées d'hiver.

Mais le hameau tout entier semblait être la propriété d'Antoine Mâcheblé, dit Brûlot, qu'on appelait d'ailleurs aussi souvent Toine et Toine-ma-Fine, par suite d'une locution dont il se servait sans cesse:

«Ma Fine est la première de France.»

Sa Fine, c'était son cognac, bien entendu.

Depuis vingt ans, il abreuvait le pays de sa Fine et de ses Brûlots, car chaque fois qu'on lui demandait:

Qu'est-ce que j'allons bé, pé Toine?»

Il répondait invariablement:

«Un brûlot, mon gendre, ça chauffe la tripe et ça nettoie la tête; y a rien de meilleur pour le corps.»

Il avait aussi cette coutume d'appeler tout le monde «mon gendre», bien qu'il n'eût jamais eu de fille mariée ou à marier.

Ah! oui, on le connaissait Toine Brûlot, le plus gros homme du canton, et même de l'arrondissement. Sa petite maison semblait dérisoirement trop étroite et trop basse pour le contenir, et quand on le voyait debout sur sa porte où il passait des journées entières, on se demandait comment il pourrait entrer dans sa demeure. Il y rentrait chaque fois que se présentait un consommateur, car Toine-ma-Fine était invité de droit à prélever son petit verre sur tout ce qu'on buvait chez lui.

Son café avait pour enseigne: «Au Rendez-vous des Amis», et il était bien, le pé Toine, l'ami de toute la contrée. On venait de Fécamp et de Montvilliers pour le voir et pour rigoler en l'écoutant, car il aurait fait rire une pierre de tombe, ce gros homme. Il avait une manière de blaguer les gens sans les fâcher, de cligner de l'œil pour exprimer ce qu'il ne disait pas, de se taper sur la cuisse dans ses accès de gaieté qui vous tirait le rire du ventre malgré vous, à tous les coups. Et puis c'était une curiosité rien que de le regarder boire. Il buvait tant qu'on lui en offrait, et de tout, avec une joie dans son œil malin, une joie qui venait de son double plaisir, plaisir de se régaler d'abord et d'amasser des gros sous ensuite, pour sa régalade.

Les farceurs du pays lui demandaient:

«Pourquoi que tu ne bé point la mé, pé Toine?»

Il répondait:

«Y a deux choses qui m'opposent, primo qu'a l'est salée, et deusio qu'i faudrait la mettre en bouteille, vu que mon abdomin n'est point pliable pour bé à c'te tasse-là!»

Et puis il fallait l'entendre se quereller avec sa femme! C'était une telle comédie qu'on aurait payé sa place de bon cœur. Depuis trente ans qu'ils étaient mariés, ils se chamaillaient tous les jours. Seulement Toine rigolait, tandis que sa bourgeoise se fâchait. C'était une grande paysanne, marchant à longs pas d'échassier, et portant sur un corps maigre et plat une tête de chat-huant en colère. Elle passait son temps à élever des poules dans une petite cour, derrière le cabaret, et elle était renommée pour la façon dont elle savait engraisser les volailles.

Quand on donnait un repas à Fécamp chez les gens de la haute, il fallait, pour que le dîner fût goûté, qu'on y mangeât une pensionnaire de la mé Toine.

Mais elle était née de mauvaise humeur et elle avait continué à être mécontente de tout. Fâchée contre le monde entier, elle en voulait principalement à son mari. Elle lui en voulait de sa gaieté, de sa renommée, de sa santé et de son embonpoint. Elle le traitait de propre à rien, parce qu'il gagnait de l'argent sans rien faire, de sapas, parce qu'il mangeait et buvait comme dix hommes ordinaires, et il ne se passait point de jour sans qu'elle déclarât d'un air exaspéré:

«Ça serait-il point mieux dans l'étable à cochons un quétou comme ça? C'est que d'la graisse que ça en fait mal au cœur.»

Et elle lui criait dans la figure:

«Espère, espère un brin; j'verrons c'qu'arrivera, j'verrons ben! Ça crèvera comme un sac à grain, ce gros bouffi!»

Toine riait de tout son cœur en se tapant sur le ventre et répondait:

«Eh! la mé Poule, ma planche, tâche d'engraisser comme ça d'la volaille. Tâche pour voir.»

Et relevant sa manche sur son bras énorme:

«En v'là un aileron, la mé, en vlà un.»

Et les consommateurs tapaient du poing sur les tables en se tordant de joie, tapaient du pied sur la terre du sol, et crachaient par terre dans un délire de gaieté.

La vieille furieuse reprenait:

«Espère un brin . . . espère un brin . . . j'verrons c'qu' arrivera . . . ça crèvera comme un sac à grain . . .»

Et elle s'en allait furieuse, sous les rires des buveurs.

Toine, en effet, était surprenant à voir, tant il était devenu épais et gros, rouge et soufflant. C'était un de ces êtres énormes sur qui la mort semble s'amuser, avec des ruses, des gaietés et des perfidies bouffonnes, rendant irrésistiblement comique son travail lent de destruction. Au lieu de se montrer comme elle fait chez les autres, la gueuse, de se montrer dans les cheveux blancs, dans la maigreur, dans les rides, dans l'affaissement croissant qui fait dire avec un frisson: «Bigre! comme il a changé!» elle prenait plaisir à l'engraisser, celui-là, à le faire monstrueux et drôle, à l'enluminer de rouge et de bleu, à le souffler, à lui donner l'apparence d'une santé surhumaine; et les déformations qu'elle inflige à tous les êtres devenaient chez lui risibles, cocasses, divertissantes, au lieu d'être sinistres et pitoyables.

«Espère un brin, répétait la mère Toine, j'verrons ce qu'arrivera.»

II

Il arriva que Toine eut une attaque et tomba paralysé. On coucha ce colosse dans la petite chambre derrière la cloison du café, afin qu'il pût entendre ce qu'on disait à côté, et causer avec les amis, car sa tête était demeurée libre, tandis que son corps, un corps énorme, impossible à remuer, à soulever, restait frappé d'immobilité. On espérait, dans les premiers temps, que ses grosses jambes reprendraient quelque énergie, mais cet espoir disparut bientôt, et Toine-ma-Fine passa ses jours et ses nuits dans son lit qu'on ne retapait qu'une fois par semaine, avec le secours de quatre voisins qui enlevaient le cabaretier par les quatre membres pendant qu'on retournait sa paillasse.

Il demeurait gai pourtant, mais d'une gaieté différente, plus timide, plus humble, avec des craintes de petit enfant devant sa femme qui piaillait toute la journée:

«Le v'là, le gros sapas, le v'là, le propre à rien, le faigniant, ce gros soulot! C'est du propre, c'est du propre!»

Il ne répondait pas. Il clignait seulement de l'œil derrière le dos de la vieille et il se retournait sur sa couche, seul mouvement qui lui demeurât possible. Il appelait cet exercice faire un «va-t-au nord», ou un «va-t-au sud».

Sa grande distraction maintenant c'était d'écouter les conversations du café, et de dialoguer à travers le mur quand il reconnaissait les voix des amis. Il criait:

«Hé, mon gendre, c'est té Célestin?»

Et Célestin Maloisel répondait:

«C'est mé, pé Toine. C'est-il que tu regalopes, gros lapin?»

Toine-ma-Fine prononçait:

«Pour galoper, point encore. Mais je n'ai point maigri, l'coffre est bon.»

Bientôt, il fit venir les plus intimes dans sa chambre et on lui tenait compagnie, bien qu'il se désolât de voir qu'on buvait sans lui. Il répétait:

«C'est ça qui me fait deuil, mon gendre, de n'pu goûter d'ma fine, nom d'un nom. L'reste, j'm'en gargarise, mais de ne point bé ça me fait deuil.»

Et la tête de chat-huant de la mère Toine apparaissait dans la fenêtre. Elle criait:

«Guétez-le, guétez-le, à c't'heure, ce gros faigniant qu'i faut nourrir, qu'i faut laver, qu'i faut nettoyer comme un porc.»

Et quand la vieille avait disparu, un coq aux plumes rouges sautait parfois sur la fenêtre, regardait d'un œil rond et curieux dans la chambre, puis poussait son cri sonore. Et parfois aussi, une ou deux poules volaient jusqu'aux pieds du lit, cherchant des miettes sur le sol.

Les amis de Toine-ma-Fine désertèrent bientôt la salle du café, pour venir, chaque après-midi, faire la causette autour du lit du gros homme. Tout couché qu'il était, ce farceur de Toine, il les amusait encore. Il aurait fait rire le diable, ce malin-là. Ils étaient trois qui reparaissaient tous les jours: Célestin Maloisel, un grand maigre un peu tordu comme un tronc de pommier, Prosper Horslaville, un petit sec avec un nez de furet, malicieux, futé comme un renard, et Césaire Paumelle, qui ne parlait jamais, mais qui s'amusait tout de même.

On apportait une planche de la cour, on la posait au bord du lit et on jouait aux dominos, pardi, et on faisait de rudes parties, depuis deux heures jusqu'à six.

Mais la mère Toine devint bientôt insupportable. Elle ne pouvait point tolérer que son gros faigniant d'homme continuât à se distraire, en jouant aux dominos dans son lit; et chaque fois qu'elle voyait une partie commencée, elle s'élançait avec fureur, culbutait la planche, saisissait le jeu, le rapportait dans le café et déclarait que c'était assez de nourrir ce gros suiffeux à ne rien faire sans le voir encore se divertir comme pour narguer le pauvre monde qui travaillait toute la journée.

Célestin Maloisel et Césaire Paumelle courbaient la tête, mais Prosper Horslaville excitait la vieille, s'amusait de ses colères.

La voyant un jour plus exaspérée que de coutume, il lui dit:

«Hé ! la mé, savez-vous c'que j'f'rais, mé, si j'étais de vous?»

Elle attendit qu'il s'expliquât, fixant sur lui son œil de chouette.

Il reprit:

«Il est chaud comme un four, vot'homme, qui n'sort point de d'son lit. Eh ben, mé j'li f'rais couver des œufs.»

Elle demeura stupéfaite, pensant qu'on se moquait d'elle, considérant la figure mince et rusée du paysan qui continua:

«J'y en mettrais cinq sous un bras, cinq sous l'autre, l'même jour que je donnerais la couvée à une poule. Ça naîtrait d'même. Quand ils seraient éclos j'porterais à vot'poule les poussins de vot'homme pour qu'a les élève. Ça vous en f'rait d'la volaille, la mé!»

La vieille interdite demanda:

«Ça se peut-il?»

L'homme reprit:

«Si ça s'peut? Pourqué que ça n'se pourrait point? Pisqu'on fait ben couver d's œufs dans une boîte chaude, on peut ben en mett' couver dans un lit.»

Elle fut frappée par ce raisonnement et s'en alla, songeuse et calmée.

Huit jours plus tard elle entra dans la chambre de Toine avec son tablier plein d'œufs. Et elle dit:

«J'viens d'mett' la jaune au nid avec dix œufs. En v'là dix pour té. Tâche de n'point les casser.»

Toine éperdu, demanda:

«Qué que tu veux?»

Elle répondit:

«J'veux qu'tu les couves, propre à rien.»

Il rit d'abord; puis, comme elle insistait, il se fâcha, il résista, il refusa résolument de laisser mettre sous ses gros bras cette graine de volaille que sa chaleur ferait éclore.

Mais la vieille, furieuse, déclara:

«Tu n'auras point d'fricot tant que tu n'les prendras point. J'verrons ben c'qu'arrivera.»

Toine, inquiet, ne répondit rien.

Quand il entendit sonner midi, il appela:

«Hé! la mé, la soupe est-il cuite?»

La vieille cria de sa cuisine:

«Y a point de soupe pour té, gros faigniant.»

Il crut qu'elle plaisantait et attendit, puis il pria, supplia, jura, fit des «va-t-au nord et des va-t-au sud» désespérés, tapa la muraille à coups de poing, mais il dut se résigner à laisser introduire dans sa couche cinq œufs contre son flanc gauche et cinq contre son flanc droit. Après quoi il eut sa soupe.

Quand ses amis arrivèrent, ils le crurent tout à fait mal, tant il paraissait drôle et gêné.

Puis on fit la partie de tous les jours. Mais Toine semblait n'y prendre aucun plaisir et n'avançait la main qu'avec des lenteurs et des précautions infinies.

«T'as donc l'bras noué?» demandait Horslaville.

Toine répondit:

«J'ai quasiment t'une lourdeur dans l'épaule.»

Soudain, on entendit entrer dans le café, les joueurs se turent.

C'était le maire avec l'adjoint. Ils demandèrent deux verres de fine et se mirent à causer des affaires du pays. Comme ils parlaient à voix basse, Toine Brûlot voulut coller son oreille contre le mur, et, oubliant ses œufs, il fit un brusque «va-t-au nord» qui le coucha sur une omelette.

Au juron qu'il poussa, la mère Toine accourut, et devinant le désastre, le découvrit d'une secousse. Elle demeura d'abord immobile, indignée, trop suffoquée pour parler devant le cataplasme jaune collé sur le flanc de son homme.

Puis, frémissant de fureur, elle se rua sur le paralytique et se mit à lui taper de grands coups sur le ventre, comme lorsqu'elle lavait son linge au bord de la mare. Ses mains tombaient l'une après l'autre avec un bruit sourd, rapides comme les pattes d'un lapin qui bat du tambour.

Les trois amis de Toine riaient à suffoquer, toussant, éternuant, poussant des cris, et le gros homme effaré parait les attaques de sa femme avec prudence, pour ne point casser encore les cinq œufs qu'il avait de l'autre côté.

III

Toine fut vaincu. Il dut couver, il dut renoncer aux parties de dominos, renoncer à tout mouvement, car la vieille le privait de nourriture avec férocité chaque fois qu'il cassait un œuf.

Il demeurait sur le dos, l'œil au plafond, immobile, les bras soulevés comme des ailes, échauffant contre lui les germes de volailles enfermés dans les coques blanches. Il ne parlait plus qu'à voix basse comme s'il eût craint le bruit autant que le mouvement, et il s'inquiétait de la couveuse jaune qui accomplissait dans le poulailler la même besogne que lui.

Il demandait à sa femme:

«La jaune a-t-elle mangé anuit?»

Et la vieille allait de ses poules à son homme et de son homme à ses poules, obsédée, possédée par la préoccupation des petits poulets qui mûrissaient dans le lit et dans le nid.

Les gens du pays qui savaient l'histoire s'en venaient, curieux et sérieux, prendre des nouvelles de Toine. Ils entraient à pas légers comme on entre chez les malades et demandaient avec intérêt:

«Eh bien! ça va-t-il?»

Toine répondait:

«Pour aller, ça va, mais j'ai maujeure tant que ça m'échauffe. J'ai des frémis qui me galopent sur la peau.»

Or, un matin, sa femme entra très émue et déclara:

«La jaune en a sept. Y avait trois œufs de mauvais.»

Toine sentit battre son cœur. — Combien en aurait-il, lui?

Il demanda:

«Ce sera tantôt?» avec une angoisse de femme qui va devenir mère.

La vieille répondit d'un air furieux, torturée par la crainte d'un insuccès:

«Faut croire!»

Ils attendirent. Les amis prévenus que les temps étaient proches arrivèrent bientôt inquiets eux-mêmes.

On en jasait dans les maisons. On allait s'informer aux portes voisines.

Vers trois heures, Toine s'assoupit. Il dormait maintenant la moitié des jours. Il fut réveillé soudain par un chatouillement inusité sous le bras droit. Il y porta aussitôt la main gauche et saisit une bête couverte de duvet jaune, qui remuait dans ses doigts.

Son émotion fut telle, qu'il se mit à pousser des cris, et il lâcha le poussin qui courut sur sa poitrine. Le café était plein de monde. Les buveurs se précipitèrent, envahirent la chambre, firent cercle comme autour d'un saltimbanque, et la vieille étant arrivée cueillit avec précaution la bestiole blottie sous la barbe de son mari.

Personne ne parlait plus. C'était par un jour chaud d'avril. On entendait par la fenêtre ouverte glousser la poule jaune appelant ses nouveau-nés.

Toine, qui suait d'émotion, d'angoisse, d'inquiétude, murmura:

«J'en ai encore un sous le bras gauche, à c't'heure.»

Sa femme plongea dans le lit sa grande main maigre, et ramena un second poussin, avec des mouvements soigneux de sage-femme.

Les voisins voulurent le voir. On se le repassa en le considérant attentivement comme s'il eût été un phénomène.

Pendant vingt minutes, il n'en naquit pas, puis quatre sortirent en même temps de leurs coquilles.

Ce fut une grande rumeur parmi les assistants. Et Toine sourit, content de son succès, commençant à s'enorgueillir de cette paternité singulière. On n'en avait pas souvent vu comme lui, tout de même! C'était un drôle d'homme, vraiment!

Il déclara:

«Ça fait six. Nom de nom, qué baptême!»

Et un grand rire s'éleva dans le public. D'autres personnes emplissaient le café. D'autres encore attendaient devant la porte. On se demandait:

«Combien, qu'i en a?

— Y en a six.»

La mère Toine portait à la poule cette famille nouvelle, et la poule gloussait éperdument, hérissait ses plumes, ouvrait les ailes toutes grandes pour abriter la troupe grossissante de ses petits.

«En v'là encore un!» cria Toine.

Il s'était trompé, il y en avait trois! Ce fut un triomphe! Le dernier creva son enveloppe à sept heures du soir. Tous les œufs étaient bons! Et Toine affolé de joie, délivré, glorieux, baisa sur le dos le frêle animal, faillit l'étouffer avec ses lèvres. Il voulut le garder dans son lit, celui-là, jusqu'au lendemain, saisi par une tendresse de mère pour cet être si petiot qu'il avait donné à la vie; mais la vieille l'emporta comme les autres sans écouter les supplications de son homme.

Les assistants, ravis, s'en allèrent en devisant de l'événement, et Horslaville resté le dernier, demanda:

«Dis donc, pé Toine, tu m'invites à fricasser l'premier, pas vrai?»

A cette idée de fricassée, le visage de Toine s'illumina, et le gros homme répondit:

«Pour sûr que je t'invite, mon gendre.»

(6 janvier 1885.)

2 Maupassant, Rire et Observer (46003)

LE PARAPLUIE

A Camille Oudinot.

Madame Oreille était économe. Elle savait la valeur d'un sou et possédait un arsenal de principes sévères sur la multiplication de l'argent. Sa bonne, assurément, avait grand mal à faire danser l'anse du panier; et M. Oreille n'obtenait sa monnaie de poche qu'avec une extrême difficulté. Ils étaient à leur aise, pourtant, et sans enfants; mais Mme Oreille éprouvait une vraie douleur à voir les pièces blanches sortir de chez elle. C'était comme une déchirure pour son cœur; et, chaque fois qu'il lui avait fallu faire une dépense de quelque importance, bien qu'indispensable, elle dormait fort mal la nuit suivante.

Oreille répétait sans cesse à sa femme:

«Tu devrais avoir la main plus large puisque nous ne mangeons jamais nos revenus.»

Elle répondait:

«On ne sait jamais ce qui peut arriver, il vaut mieux avoir plus que moins.»

C'était une petite femme de quarante ans, vive, ridée, propre et souvent irritée.

Son mari, à tout moment, se plaignait des privations qu'elle lui faisait endurer. Il en était certaines qui lui devenaient particulièrement pénibles, parce qu'elles atteignaient sa vanité.

Il était commis principal au ministère de la Guerre, demeuré là uniquement pour obéir à sa femme, pour augmenter les rentes inutilisées de la maison.

Or, pendant deux ans, il vint au bureau avec le même parapluie rapiécé qui donnait à rire à ses collègues. Las enfin de leurs quolibets, il exigea que Mme Oreille lui achetât un nouveau parapluie. Elle en prit un de huit francs cinquante, article de réclame d'un grand magasin. Des employés en apercevant cet objet jeté dans Paris par milliers recommencèrent leurs plaisanteries, et Oreille en souffrit horriblement. Le parapluie ne valait rien. En trois mois, il fut hors de service, et la gaieté devint générale dans le ministère. On fit même une chanson qu'on entendait du matin au soir, du haut en bas de l'immense bâtiment.

Oreille, exaspéré, ordonna à sa femme de lui choisir un nouveau riflard, en soie fine, de vingt francs, et d'apporter une facture justificative.

Elle en acheta un de dix-huit francs et déclara, rouge d'irritation, en le remettant à son époux:

«Tu en as là pour cinq ans au moins.»

Oreille, triomphant, obtint un vrai succès au bureau.

Lorsqu'il rentra le soir, sa femme, jetant un regard inquiet sur le parapluie, lui dit:

«Tu ne devrais pas le laisser serré avec l'élastique, c'est le moyen de couper la soie. C'est à toi d'y veiller, parce que je ne t'en achèterai pas un de si tôt.»

Elle le prit, dégrafa l'anneau et secoua les plis. Mais elle demeura saisie d'émotion. Un trou rond, grand comme un centime, lui apparut au milieu du parapluie. C'était une brûlure de cigare!

Elle balbutia:

«Qu'est-ce qu'il a?»

Son mari répondit tranquillement, sans regarder:

«Qui? quoi? Que veux-tu dire?»

La colère l'étranglait maintenant; elle ne pouvait plus parler:

«Tu . . . tu . . . tu as brûlé . . . ton . . . ton . . . parapluie. Mais tu . . . tu . . . tu es donc fou! . . . Tu veux nous ruiner!»

Il se retourna, se sentant pâlir:

«Tu dis?

— Je dis que tu as brûlé ton parapluie. Tiens! . . .»

Et, s'élançant vers lui comme pour le battre, elle lui mit violemment sous le nez la petite brûlure circulaire.

Il restait éperdu devant cette plaie, bredouillant:

«Ça, ça . . . qu'est-ce que c'est? Je ne sais pas, moi! Je n'ai rien fait, rien, je te le jure. Je ne sais pas ce qu'il a, moi, ce parapluie?»

Elle criait maintenant:

«Je parie que tu as fait des farces avec lui dans ton bureau, que tu as fait le saltimbanque, que tu l'as ouvert pour le montrer.»

Il répondit:

«Je l'ai ouvert une seule fois pour montrer comme il était beau. Voilà tout. Je te le jure.»

Mais elle trépignait de fureur, et elle lui fit une de ces scènes conjugales qui rendent le foyer familial plus redoutable pour un homme pacifique qu'un champ de bataille où pleuvent les balles.

Elle ajusta une pièce avec un morceau de soie coupé sur l'ancien parapluie, qui était de couleur différente; et, le lendemain, Oreille partit, d'un air humble, avec l'instrument raccommodé. Il le posa dans son armoire et n'y pensa plus que comme on pense à quelque mauvais souvenir.

Mais à peine fut-il rentré, le soir, sa femme lui saisit son parapluie dans les mains, l'ouvrit pour constater son état, et demeura suffoquée devant un désastre irréparable. Il était criblé de petits trous provenant évidemment de brûlures, comme si on eût vidé dessus la cendre d'une pipe allumée. Il était perdu, perdu sans remède.

Elle contemplait cela sans dire un mot, trop indignée pour qu'un son pût sortir de sa gorge. Lui aussi, il constatait le dégât et il restait stupide, épouvanté, consterné. Puis ils se regardèrent; puis il baissa les yeux; puis il reçut par la figure l'objet crevé qu'elle lui jetait; puis elle cria, retrouvant sa voix dans un emportement de fureur:

«Ah! canaille! canaille! Tu en as fait exprès! Mais tu me le payeras! Tu n'en auras plus . . .»

Et la scène recommença. Après une heure de tempête, il put enfin s'expliquer. Il jura qu'il n'y comprenait rien; que cela ne pouvait provenir que de malveillance ou de vengeance.

Un coup de sonnette le délivra. C'était un ami qui venait dîner chez eux.

Mme Oreille lui soumit le cas. Quant à acheter un nouveau parapluie, c'était fini, son mari n'en aurait plus.

L'ami argumenta avec raison:

«Alors, Madame, il perdra ses habits, qui valent, certes, davantage.»

La petite femme, toujours furieuse, répondit:

«Alors, il prendra un parapluie de cuisine, je ne lui en donnerai pas un nouveau en soie.»

A cette pensée, Oreille se révolta.

«Alors je donnerai ma démission, moi! Mais je n'irai pas au ministère avec un parapluie de cuisine.»

L'ami reprit:

«Faites recouvrir celui-là, ça ne coûte pas très cher.»

Mme Oreille exapérée balbutiait:

«Il faut au moins huit francs pour le faire recouvrir. Huit francs et dix-huit, cela fait vingt-six! Vingt-six francs pour un parapluie, mais c'est de la folie! c'est de la démence!»

L'ami, bourgeois pauvre, eut une inspiration:

«Faites-le payer par votre Assurance. Les compagnies paient les objets brûlés, pourvu que le dégât ait eu lieu dans votre domicile.»

A ce conseil, la petite femme se calma net; puis, après une minute de réflexion, elle dit à son mari:

«Demain, avant de te rendre à ton ministère, tu iras dans les bureaux de la *Maternelle* faire constater l'état de ton parapluie et réclamer le payement.»

M. Oreille eut un soubresaut.

«Jamais de la vie je n'oserai! C'est dix-huit francs de perdus, voilà tout. Nous n'en mourrons pas.»

Et il sortit le lendemain avec une canne. Il faisait beau heureusement.

Restée seule à la maison, Mme Oreille ne pouvait se consoler de la perte de ses dix-huit francs. Elle avait le parapluie sur la table de la salle à manger, et elle tournait autour, sans parvenir à prendre une résolution.

La pensée de l'Assurance lui revenait à tout instant, mais elle n'osait pas non plus affronter les regards railleurs des messieurs qui la recevraient, car elle était timide devant le monde, rougissant pour un rien, embarrassée dès qu'il lui fallait parler à des inconnus.

Cependant le regret des dix-huit francs la faisait souffrir comme une blessure. Elle n'y voulait plus songer, et sans cesse le souvenir de cette perte la martelait douloureusement. Que faire cependant? Les heures passaient; elle ne se décidait à rien. Puis, tout à coup, comme les poltrons qui deviennent crânes, elle prit sa résolution.

«J'irai, et nous verrons bien!»

Mais il lui fallait d'abord préparer le parapluie pour que le désastre fût complet et la cause facile à soutenir. Elle prit une allumette sur la cheminée et fit, entre les baleines, une grande brûlure, large comme la main; puis elle roula délicatement ce qui restait de la soie, la fixa avec le cordelet élastique, mit son châle et son chapeau et descendit d'un pied pressé vers la rue de Rivoli où se trouvait l'Assurance.

Mais, à mesure qu'elle approchait, elle ralentissait le pas. Qu'allait-elle dire? Qu'allait-on lui répondre?

Elle regardait les numéros des maisons. Elle en avait encore vingt-huit Très bien! elle pouvait réfléchir. Elle allait de moins en moins vite. Soudain elle tressaillit. Voici la porte, sur laquelle brille en lettres d'or: «*La Maternelle*, Compagnie d'Assurances contre l'incendie.» Déjà! Elle s'arrêta une seconde, anxieuse, honteuse, puis passa, puis revint, puis passa de nouveau, puis revint encore.

Elle se dit enfin:

«Il faut y aller, pourtant. Mieux vaut plus tôt que plus tard.»

Mais, en pénétrant dans la maison, elle s'aperçut que son cœur battait.

Elle entra dans une vaste pièce avec des guichets tout autour; et, par chaque guichet, on apercevait une tête d'homme dont le corps était masqué par un treillage.

Un monsieur parut, portant des papiers. Elle s'arrêta et, d'une petite voix timide:

«Pardon, Monsieur, pourriez-vous me dire où il faut s'adresser pour se faire rembourser les objets brûlés?»

Il répondit, avec un timbre sonore:

«Premier, à gauche, au bureau des sinistres.»

Ce mot l'intimida davantage encore; et elle eut envie de se sauver, de ne rien dire, de sacrifier ses dix-huit francs. Mais à la pensée de cette somme, un peu de courage lui revint, et elle monta, essoufflée, s'arrêtant à chaque marche.

Au premier, elle aperçut une porte, elle frappa. Une voix claire cria:

«Entrez!»

Elle entra et se vit dans une grande pièce où trois messieurs, debout décorés, solennels, causaient.

Un d'eux lui demanda:

«Que désirez-vous, Madame?»

Elle ne trouvait plus ses mots, elle bégaya:

«Je viens ... je viens ... pour ... pour un sinistre.»

Le monsieur, poli, montra un siège.

«Donnez-vous la peine de vous asseoir, je suis à vous dans une minute.»

Et, retournant vers les deux autres, il reprit la conversation.

«La Compagnie, Messieurs, ne se croit pas engagée envers vous pour plus de quatre cent mille francs. Nous ne pouvons admettre vos revendications pour les cent mille francs que vous prétendez nous faire payer en plus. L'estimation d'ailleurs ...»

Un des deux autres l'interrompit:

«Cela suffit, Monsieur, les tribunaux décideront. Nous n'avons plus qu'à nous retirer.»

Et ils sortirent après plusieurs saluts cérémonieux.

Oh! si elle avait osé partir avec eux, elle l'aurait fait; elle aurait fui, abandonnant tout! Mais le pouvait-elle? Le monsieur revint et, s'inclinant:

«Qu'y a-t-il pour votre service, Madame?»

Elle articula péniblement:

«Je viens pour ... pour ceci.»

Le directeur baissa les yeux, avec un étonnement naïf, vers l'objet qu'elle lui tendait.

Elle essayait, d'une main tremblante, de détacher l'élastique. Elle y parvint après quelques efforts, et ouvrit brusquement le squelette loqueteux du parapluie.

L'homme prononça, d'un ton compatissant:

«Il me paraît bien malade.»

Elle déclara avec hésitation:

«Il m'a coûté vingt francs.»

Il s'étonna:

«Vraiment! Tant que ça?

— Oui, il était excellent. Je voulais vous faire constater son état.

— Fort bien; je vois. Fort bien. Mais je ne saisis pas en quoi cela peut me concerner.»

Une inquiétude la saisit. Peut-être cette compagnie-là ne payait-elle pas les menus objets, et elle dit:

«Mais . . . il est brûlé . . .»

Le monsieur ne nia pas:

«Je le vois bien.»

Elle restait bouche béante, ne sachant plus que dire; puis, soudain, comprenant son oubli, elle prononça avec précipitation:

«Je suis Mme Oreille. Nous sommes assurés à la *Maternelle ;* et je viens vous réclamer le prix de ce dégât.»

Elle se hâta d'ajouter dans la crainte d'un refus positif:

«Je demande seulement que vous le fassiez recouvrir.»

Le directeur, embarrassé, déclara:

«Mais . . . Madame nous ne sommes pas marchands de parapluies. Nous ne pouvons nous charger de ces genres de réparations.»

La petite femme sentait l'aplomb lui revenir. Il fallait lutter. Elle lutterait donc! Elle n'avait plus peur; elle dit:

«Je demande seulement le prix de la réparation. Je la ferai bien faire moi-même.»

Le monsieur semblait confus:

«Vraiment, Madame, c'est bien peu. On ne nous demande jamais d'indemnité pour des accidents d'une si minime importance. Nous ne pouvons rembourser, convenez-en, les mouchoirs, les gants, les balais, les savates, tous les petits objets qui sont exposés chaque jour à subir des avaries par la flamme.»

Elle devint rouge, sentant la colère l'envahir:

«Mais, Monsieur, nous avons eu au mois de décembre dernier un feu de cheminée qui nous a causé au moins pour cinq cents francs de dégâts; M. Oreille n'a rien réclamé à la compagnie; aussi il est bien juste aujourd'hui qu'elle me paie mon parapluie!»

Le directeur, devinant le mensonge, dit en souriant:

«Vous avouerez, Madame, qu'il est bien étonnant que M. Oreille, n'ayant rien demandé pour un dégât de cinq cents francs, vienne réclamer une réparation de cinq ou six francs pour un parapluie.»

Elle ne se troubla point et répliqua:

«Pardon, Monsieur, le dégât de cinq cents francs concernait la bourse de M. Oreille, tandis que le dégât de dix-huit francs concerne la bourse de Mme Oreille, ce qui n'est pas la même chose.»

Il vit qu'il ne s'en débarrasserait pas et qu'il allait perdre sa journée, et il demanda avec résignation:

«Veuillez me dire alors comment l'accident est arrivé.»

Elle sentit la victoire et se mit à raconter:

«Voilà, Monsieur: j'ai dans mon vestibule une espèce de chose en bronze où l'on pose les parapluies et les cannes. L'autre jour donc, en rentrant, je plaçai dedans celui-là. Il faut vous dire qu'il y a juste au-dessus une planchette pour mettre les bougies et les allumettes. J'allonge le bras et je prends quatre allumettes. J'en frotte une; elle rate. J'en frotte une autre; elle s'allume et s'éteint aussitôt. J'en frotte une troisième; elle en fait autant.»

Le directeur l'interrompit pour placer un mot d'esprit.

«C'étaient donc des allumettes du gouvernement?»

Elle ne comprit pas, et continua:

«Ça se peut bien. Toujours est-il que la quatrième prit feu et j'allumai ma bougie; puis j'entrai dans ma chambre pour me coucher. Mais au bout d'un quart d'heure, il me sembla qu'on sentait le brûlé. Moi j'ai toujours peur du feu. Oh! si nous avons jamais un sinistre, ce ne sera pas ma faute! Surtout depuis le feu de cheminée dont je vous ai parlé, je ne vis pas. Je me relève donc, je sors, je cherche, je sens partout comme un chien de chasse, et je m'aperçois enfin que mon parapluie brûle. C'est probablement une allumette qui était tombée dedans. Vous voyez dans quel état ça l'a mis . . .»

Le directeur en avait pris son parti; il demanda:

«A combien estimez-vous le dégât?»

Elle demeura sans parole, n'osant pas fixer un chiffre. Puis elle dit, voulant être large:

«Faites-le réparer vous-même. Je m'en rapporte à vous.»

Il refusa:

«Non, Madame, je ne peux pas. Dites-moi combien vous demandez.

— Mais . . . il me semble . . . que . . . Tenez, Monsieur, je ne veux pas gagner sur vous, moi . . . nous allons faire une chose. Je porterai mon parapluie chez un fabricant qui le recouvrira en bonne soie, en soie durable, et je vous apporterai la facture. Ça vous va-t-il?

— Parfaitement, Madame; c'est entendu. Voici un mot pour la caisse, qui remboursera votre dépense.»

Et il tendit une carte à Mme Oreille, qui la saisit, puis se leva et sortit en remerciant, ayant hâte d'être dehors, de crainte qu'il ne changeât d'avis.

Elle allait maintenant d'un pas gai par la rue, cherchant un marchand de parapluies qui lui parût élégant. Quand elle eut trouvé une boutique d'allure riche, elle entra et dit, d'une voix assurée:

«Voici un parapluie à recouvrir en soie, en très bonne soie. Mettez-y ce que vous avez de meilleur. Je ne regarde pas au prix.»

(10 février 1884.)

ROSE

Les deux jeunes femmes ont l'air ensevelies sous une couche de fleurs. Elles sont seules dans l'immense landau chargé de bouquets comme une corbeille géante. Sur la banquette du devant, deux bannettes de satin blanc sont pleines de violettes de Nice, et sur la peau d'ours qui couvre les genoux un amoncellement de roses, de mimosas, de giroflées, de marguerites, de tubéreuses et de fleurs d'oranger, noués avec des faveurs de soie, semble écraser les deux corps délicats, ne laissant sortir de ce lit éclatant et parfumé que les épaules, les bras et un peu des corsages dont l'un est bleu et l'autre lilas.

Le fouet du cocher porte un fourreau d'anémones, les traits des chevaux sont capitonnés avec des ravenelles, les rayons des roues sont vêtus de réséda; et, à la place des lanternes, deux bouquets ronds, énormes, ont l'air des deux yeux étranges de cette bête roulante et fleurie.

Le landau parcourt au grand trot la route, la rue d'Antibes, précédé, suivi, accompagné par une foule d'autres voitures enguirlandées, pleines de femmes disparues sous un flot de violettes. Car c'est la fête des fleurs à Cannes.

On arrive au boulevard de la Foncière, où la bataille a lieu. Tout le long de l'immense avenue, une double file d'équipages enguirlandés va et revient comme un ruban sans fin. De l'un à l'autre on se jette des fleurs. Elles passent dans l'air comme des balles, vont frapper les frais visages, voltigent et retombent dans la poussière où une armée de gamins les ramasse.

Une foule compacte, rangée sur les trottoirs, et maintenue par les gendarmes à cheval qui passent brutalement et repoussent les curieux à pied comme pour ne point permettre aux vilains de se mêler aux riches, regarde, bruyante et tranquille.

Dans les voitures on s'appelle, on se reconnaît, on se mitraille avec des roses. Un char plein de jolies femmes vêtues de rouge comme des diables, attire et séduit les yeux. Un monsieur, qui ressemble aux portraits d'Henri IV lance avec une ardeur joyeuse un énorme bouquet retenu par un élastique. Sous la menace du choc les femmes se cachent les yeux et les hommes baissent la tête, mais le projectile gracieux, rapide et docile, décrit une courbe et revient à son maître qui le jette aussitôt vers une figure nouvelle.

Les deux jeunes femmes vident à pleines mains leur arsenal et reçoivent une grêle de bouquets; puis, après une heure de bataille, un peu lasses enfin, elles ordonnent au cocher de suivre la route du golfe Juan, qui longe la mer.

Le soleil disparaît derrière l'Esterel, dessinant en noir, sur un couchant de feu, la silhouette dentelée de la longue montagne. La mer calme s'étend, bleue et claire, jusqu'à l'horizon où elle se mêle au ciel, et l'escadre, ancrée au milieu du golfe, a l'air d'un troupeau de bêtes monstrueuses, immobiles sur l'eau, animaux apocalyptiques, cuirassés et bossus, coiffés de mâts frêles comme des plumes, et avec des yeux qui s'allument quand vient la nuit.

Les jeunes femmes, étendues sous la lourde fourrure, regardent languissamment. L'une dit enfin:

«Comme il y a des soirs délicieux, où tout semble bon. N'est-ce pas, Margot?»

L'autre reprit:

«Oui, c'est bon. Mais il manque toujours quelque chose.

— Quoi donc? Moi je me sens heureuse tout à fait. Je n'ai besoin de rien.

— Si. Tu n'y penses pas. Quel que soit le bien-être qui engourdit notre corps, nous désirons toujours quelque chose de plus . . . pour le cœur.»

Et l'autre, souriant:

«Un peu d'amour?

— Oui,»

Elles se turent, regardant devant elles, puis celle qui s'appelait Marguerite murmura: «La vie ne me semble pas supportable sans cela. J'ai besoin d'être aimée, ne fût-ce que par un chien. Nous sommes toutes ainsi, d'ailleurs, quoi que tu en dises, Simone.

— Mais non, ma chère. J'aime mieux n'être pas aimée du tout que de l'être par n'importe qui. Crois-tu que cela me serait agréable, par exemple, d'être aimée par . . . par . . .»

Elle cherchait par qui elle pourrait bien être aimée, parcourant de l'œil le vaste paysage. Ses yeux, après avoir fait le tour de l'horizon, tombèrent sur les deux boutons de métal qui luisaient dans le dos du cocher, et elle reprit, en riant: «par mon cocher.»

Mme Margot sourit à peine et prononça, à voix basse:

«Je t'assure que c'est très amusant d'être aimée par un domestique. Cela m'est arrivé deux ou trois fois. Ils roulent des yeux si drôles que c'est à mourir de rire. Naturellement, on se montre d'autant plus sévère qu'ils sont plus amoureux, puis on les met à la porte, un jour, sous le premier prétexte venu parce qu'on deviendrait ridicule si quelqu'un s'en apercevait.»

Mme Simone écoutait, le regard fixe devant elle, puis elle déclara:

«Non, décidément, le cœur de mon valet de pied ne me paraîtrait pas suffisant. Raconte-moi donc comment tu t'apercevais qu'ils t'aimaient.

— Je m'en apercevais comme avec les autres hommes, lorsqu'ils devenaient stupides.

— Les autres ne me paraissent pas si bêtes à moi, quand ils m'aiment.

— Idiots, ma chère, incapables de causer, de répondre, de comprendre quoi que ce soit.

— Mais toi, qu'est-ce que cela te faisait d'être aimée par un domestique. Tu étais quoi . . . émue . . . flattée?

— Émue? non — flattée — oui, un peu. On est toujours flatté de l'amour d'un homme quel qu'il soit.

— Oh, voyons, Margot!

— Si, ma chère. Tiens, je vais te dire une singulière

aventure qui m'est arrivée. Tu verras comme c'est curieux et confus ce qui se passe en nous dans ces cas-là.»

Il y aura quatre ans à l'automne, je me trouvais sans femme de chambre. J'en avais essayé l'une après l'autre cinq ou six qui étaient ineptes, et je désespérais presque d'en trouver une, quand je lus, dans les petites annonces d'un journal, qu'une jeune fille sachant coudre, broder, coiffer, cherchait une place et qu'elle fournirait les meilleurs renseignements. Elle parlait en outre l'anglais.

J'écrivis à l'adresse indiquée, et, le lendemain, la personne en question se présenta. Elle était assez grande, mince, un peu pâle, avec l'air très timide. Elle avait de beaux yeux noirs, un teint charmant, elle me plut tout de suite. Je lui demandai ses certificats: elle m'en donna un en anglais, car elle sortait, disait-elle, de la maison de lady Rymwell, où elle était restée dix ans.

Le certificat attestait que la jeune fille était partie de son plein gré pour rentrer en France et qu'on n'avait eu à lui reprocher, pendant son long service, qu'un peu de *coquetterie française*.

La tournure pudibonde de la phrase anglaise me fit même un peu sourire et j'arrêtai sur-le-champ cette femme de chambre.

Elle entra chez moi le jour même, elle se nommait Rose.

Au bout d'un mois je l'adorais.

C'était une trouvaille, une perle, un phénomène.

Elle savait coiffer avec un goût infini; elle chiffonnait les dentelles d'un chapeau mieux que les meilleures modistes et elle savait même faire les robes.

J'étais stupéfaite de ses facultés. Jamais je ne m'étais trouvée servie ainsi.

Elle m'habillait rapidement avec une légèreté de mains étonnante. Jamais je ne sentais ses doigts sur ma peau, et rien ne m'est désagréable comme le contact d'une main de bonne. Je pris bientôt des habitudes de paresse excessives, tant il m'était agréable de me laisser vêtir, des pieds à la tête, et de la chemise aux gants, par cette grande fille timide, toujours un peu rougissante, et qui ne parlait jamais. Au sortir du bain, elle me frictionnait et me massait pendant que je sommeillais un peu sur mon divan; je la considérais, ma foi, en amie de condition inférieure, plutôt qu'en simple domestique.

Or, un matin, mon concierge demanda avec mystère à me parler. Je fus surprise et je le fis entrer. C'était un homme très sûr, un vieux soldat, ancienne ordonnance de mon mari. Il paraissait gêné de ce qu'il avait à dire. Enfin, il prononça en bredouillant:

«Madame, il y a en bas le commissaire de police du quartier.»

Je demandai brusquement:

«Qu'est-ce qu'il veut?

— Il veut faire une perquisition dans l'hôtel.»

Certes, la police est utile, mais je la déteste. Je trouve que ce n'est pas là un métier noble. Et je répondis, irritée autant que blessée:

«Pourquoi cette perquisition? A quel propos? Il n'entrera pas.»

Le concierge reprit:

«Il prétend qu'il y a un malfaiteur caché.»

Cette fois j'eus peur et j'ordonnai d'introduire le commissaire de police auprès de moi pour avoir des explications. C'était un homme, assez bien élevé, décoré de la Légion d'honneur. Il s'excusa, demanda pardon, puis m'affirma que j'avais, parmi les gens de service, un forçat!

Je fus révoltée; je répondis que je garantissais tout le domestique de l'hôtel et je le passai en revue.

«Le concierge, Pierre Courtin, ancien soldat.

— Ce n'est pas lui.

— Le cocher François Pingau, un paysan champenois, fils d'un fermier de mon père.

— Ce n'est pas lui.

— Un valet d'écurie, pris en Champagne également, et toujours fils de paysans que je connais, plus un valet de pied que vous venez de voir.

— Ce n'est pas lui.

— Alors Monsieur, vous voyez bien que vous vous trompez.

— Pardon, Madame, je suis sûr de ne pas me tromper. Comme il s'agit d'un criminel redoutable, voulez-vous avoir la gracieuseté de faire comparaître ici, devant vous et moi, tout votre monde.»

Je résistai d'abord, puis je cédai, et je fis monter tous mes gens, hommes et femmes.

Le commissaire de police les examina d'un seul coup d'œil, puis déclara:

«Ce n'est pas tout.

— Pardon, Monsieur, il n'y a plus que ma femme de chambre, une jeune fille que vous ne pouvez confondre avec un forçat.»

Il demanda:

« Puis-je la voir aussi?

— Certainement. »

Je sonnai Rose qui parut aussitôt. A peine fut-elle entrée que le commissaire fit un signe, et deux hommes que je n'avais pas vus, cachés derrière la porte, se jetèrent sur elle, lui saisirent les mains et les lièrent avec des cordes.

Je poussai un cri de fureur, et je voulus m'élancer pour la défendre. Le commissaire m'arrêta:

«Cette fille, Madame, est un homme qui s'appelle Jean-Nicolas Lecapet, condamné à mort en 1879 pour assassinat précédé de viol. Sa peine fut commuée en prison perpétuelle. Il s'échappa voici quatre mois. Nous le cherchons depuis lors.»

J'étais affolée, atterrée. Je ne croyais pas. Le commissaire reprit en riant:

«Je ne puis vous donner qu'une preuve. Il a le bras droit tatoué.» La manche fut relevée. C'était vrai. L'homme de police ajouta avec un certain mauvais goût:

«Fiez-vous-en à nous pour les autres constatations.»

Et on emmena ma femme de chambre!

«Eh bien, le croirais-tu, ce qui dominait en moi ce n'était pas la colère d'avoir été jouée ainsi, trompée et ridiculisée; ce n'était pas la honte d'avoir été ainsi habillée, déshabillée, maniée et touchée par cet homme . . . mais une . . . humiliation profonde . . . une humiliation de femme. Comprends-tu?

— Non, pas très bien?

— Voyons . . . Réfléchis . . . Il avait été condamné . . . pour viol, ce garçon . . . eh bien! je pensais . . . à celle qu'il avait violée . . . et ça . . . ça m'humiliait . . . Voilà . . . Comprends-tu, maintenant?»

Et Mme Simone ne répondit pas. Elle regardait droit devant elle, d'un œil fixe et singulier les deux boutons luisants de la livrée, avec ce sourire de sphinx qu'ont parfois les femmes.

(29 janvier 1884.)

L'AVENTURE DE WALTER SCHNAFFS

A Robert Pinchon.

Depuis son entrée en France avec l'armée d'invasion, Walter Schnaffs se jugeait le plus malheureux des hommes. Il était gros, marchait avec peine, soufflait beaucoup et souffrait affreusement des pieds qu'il avait fort plats et fort gras. Il était en outre pacifique et bienveillant, nullement magnanime ou sanguinaire, père de quatre enfants qu'il adorait et marié avec une jeune femme blonde, dont il regrettait désespérément chaque soir les tendresses, les petits soins et les baisers. Il aimait se lever tard et se coucher tôt, manger lentement de bonnes choses et boire de la bière dans les brasseries. Il songeait en outre que tout ce qui est doux dans l'existence disparaît avec la vie; et il gardait au cœur une haine épouvantable, instinctive et raisonnée en même temps, pour les canons, les fusils, les revolvers et les sabres, mais surtout pour les baïonnettes, se sentant incapable de manœuvrer assez vivement cette arme rapide pour défendre son gros ventre.

Et, quand il se couchait sur la terre, la nuit venue, roulé dans son manteau à côté des camarades qui ronflaient, il pensait longuement aux siens laissés là-bas et aux dangers semés sur sa route: «S'il était tué, que deviendraient les petits? Qui donc les nourrirait et les élèverait? A l'heure même, ils n'étaient pas riches, malgré les dettes qu'il avait contractées en partant pour leur laisser quelque argent.» Et Walter Schnaffs pleurait quelquefois.

Au commencement des batailles il se sentait dans les jambes de telles faiblesses qu'il se serait laissé tomber, s'il n'avait songé que toute l'armée lui passerait sur le corps. Le sifflement des balles hérissait le poil sur sa peau.

Depuis des mois il vivait ainsi dans la terreur et dans l'angoisse.

Son corps d'armée s'avançait vers la Normandie; et il fut un jour envoyé en reconnaissance avec un faible détachement qui devait simplement explorer une partie du pays et se replier ensuite. Tout semblait calme dans la campagne; rien n'indiquait une résistance préparée.

Or, les Prussiens descendaient avec tranquillité dans une petite vallée que coupaient des ravins profonds quand une fusillade violente les arrêta net, jetant bas une vingtaine des leurs; et une troupe de francs-tireurs, sortant brusquement d'un petit bois grand comme la main, s'élança en avant, la baïonnette au fusil.

Walter Schnaffs demeura d'abord immobile, tellement surpris et éperdu qu'il ne pensait même pas à fuir. Puis un désir fou de détaler le saisit; mais il songea aussitôt qu'il courait comme une tortue en comparaison des maigres Français qui arrivaient en bondissant comme un troupeau de chèvres. Alors, apercevant à six pas devant lui un large fossé plein de broussailles couvertes de feuilles sèches, il y sauta à pieds joints, sans songer même à la profondeur, comme on saute d'un pont dans une rivière.

Il passa, à la façon d'une flèche, à travers une couche épaisse de lianes et de ronces aiguës qui lui déchirèrent la face et les mains, et il tomba lourdement assis sur un lit de pierres.

Levant aussitôt les yeux, il vit le ciel par le trou qu'il avait fait. Ce trou révélateur le pouvait dénoncer, et il se traîna avec précaution, à quatre pattes, au fond de cette ornière, sous le toit de branchages enlacés, allant le plus vite possible, en s'éloignant du lieu du combat. Puis il s'arrêta et s'assit de nouveau, tapi comme un lièvre au milieu des hautes herbes sèches.

Il entendit pendant quelque temps encore des détonations, des cris et des plaintes. Puis les clameurs de la lutte s'affaiblirent, cessèrent. Tout redevint muet et calme.

Soudain quelque chose remua contre lui. Il eut un sursaut épouvantable. C'était un petit oiseau qui, s'étant posé sur une branche, agitait des feuilles mortes. Pendant près d'une heure, le cœur de Walter Schnaffs en battit à grands coups pressés.

La nuit venait, emplissant d'ombre le ravin. Et le soldat se mit à songer. Qu'allait-il faire? Qu'allait-il devenir? Rejoindre son armée?... Mais comment? Mais par où? Et il lui faudrait recommencer l'horrible vie d'angoisses, d'épouvantes, de fatigues et de souffrances qu'il menait depuis le commencement de la guerre! Non! Il ne se sentait plus ce courage! Il n'aurait plus l'énergie qu'il fallait pour supporter les marches et affronter les dangers de toutes les minutes.

Mais que faire? Il ne pouvait rester dans ce ravin et s'y cacher jusqu'à la fin des hostilités. Non, certes. S'il n'avait pas fallu manger, cette perspective ne l'aurait pas trop atterré; mais il fallait manger, manger tous les jours.

Et il se trouvait ainsi tout seul, en armes, en uniforme, sur le territoire ennemi, loin de ceux qui le pouvaient défendre. Des frissons lui couraient sur la peau.

Soudain il pensa: «Si seulement j'étais prisonnier!» et son cœur frémit de désir, d'un désir violent, immodéré, d'être prisonnier des Français. Prisonnier! Il serait sauvé, nourri, logé, à l'abri des balles et des sabres, sans appréhension possible, dans une bonne prison bien gardée. Prisonnier! Quel rêve!

Et sa résolution fut prise immédiatement:

«Je vais me constituer prisonnier.»

Il se leva, résolu à exécuter ce projet sans tarder d'une minute. Mais il demeura immobile, assailli soudain par des réflexions fâcheuses et par des terreurs nouvelles.

Où allait-il se constituer prisonnier? Comment? De quel côté? Et des images affreuses, des images de mort, se précipitèrent dans son âme.

Il allait courir des dangers terribles en s'aventurant seul avec son casque à pointe, par la campagne.

S'il rencontrait des paysans? Ces paysans, voyant un Prussien perdu, un Prussien sans défense, le tueraient comme un chien errant! Ils le massacreraient avec leurs fourches, leurs pioches, leurs faux, leurs pelles! Ils en feraient une bouillie, une pâtée, avec l'acharnement des vaincus exaspérés.

S'il rencontrait des francs-tireurs? Ces francs-tireurs, des enragés sans loi ni discipline, le fusilleraient pour s'amuser, pour passer une heure, histoire de rire en voyant sa tête. Et il se croyait déjà appuyé contre un mur en face de douze canons de fusils, dont les petits trous ronds et noirs semblaient le regarder.

S'il rencontrait l'armée française elle-même? Les hommes d'avant-garde le prendraient pour un éclaireur, pour quelque hardi et malin troupier parti seul en reconnaissance, et ils lui tireraient dessus. Et il entendait déjà les détonations irrégulières des soldats couchés dans les broussailles, tandis que lui, debout au milieu d'un champ, s'affaissait, troué comme une écumoire par les balles qu'il sentait dans sa chair.

Il se rassit, désespéré. Sa situation lui paraissait sans issue. La nuit était tout à fait venue, la nuit muette et noire. Il ne bougeait plus, tressaillant à tous les bruits inconnus et légers qui passent dans les ténèbres. Un lapin, tapant du cul au bord d'un terrier, faillit faire s'enfuir Walter Schnaffs. Les cris des chouettes lui déchiraient l'âme, le traversant de peurs soudaines, douloureuses comme des blessures. Il écarquillait ses gros yeux pour tâcher de voir dans l'ombre; et il s'imaginait à tout moment entendre marcher près de lui.

Après d'interminables heures et des angoisses de damné, il aperçut, à travers son plafond de branchages, le ciel qui devenait clair. Alors un soulagement immense le pénétra; ses membres se détendirent, reposés soudain; son cœur s'apaisa; ses yeux se fermèrent. Il s'endormit.

Quand il se réveilla, le soleil lui parut arrivé à peu près au milieu du ciel; il devait être midi. Aucun bruit ne troublait la paix morne des champs; et Walter Schnaffs s'aperçut qu'il était atteint d'une faim aiguë.

Il bâillait, la bouche humide à la pensée du saucisson, du bon saucisson des soldats; et son estomac lui faisait mal.

Il se leva, fit quelques pas, sentit que ses jambes étaient faibles, et se rassit pour réfléchir. Pendant deux ou trois heures encore, il établit le pour et le contre, changeant à tout moment de résolution, combattu, malheureux, tiraillé par les raisons les plus contraires.

Une idée lui parut enfin logique et pratique, c'était de guetter le passage d'un villageois seul, sans armes, et sans outils de travail dangereux, de courir au-devant de lui et de se remettre en ses mains en lui faisant bien comprendre qu'il se rendait.

Alors il ôta son casque, dont la pointe le pouvait trahir, et il sortit sa tête au bord de son trou, avec des précautions infinies.

Aucun être isolé ne se montrait à l'horizon. Là-bas, à droite, un petit village envoyait au ciel la fumée de ses toits, la fumée des cuisines! Là-bas à gauche, il apercevait, au bout des arbres d'une avenue, un grand château flanqué de tourelles.

Il attendit jusqu'au soir, souffrant affreusement, ne voyant rien que des vols de corbeaux, n'entendant rien que les plaintes sourdes de ses entrailles.

Et la nuit encore tomba sur lui.

Il s'allongea au fond de sa retraite et il s'endormit d'un sommeil fiévreux, hanté de cauchemars, d'un sommeil d'homme affamé.

L'aurore se leva de nouveau sur sa tête. Il se remit en observation. Mais la campagne restait vide comme la veille; et une peur nouvelle entrait dans l'esprit de Walter Schnaffs, la peur de mourir de faim! Il se voyait étendu au fond de son trou, sur le dos, les deux yeux fermés. Puis des bêtes, des petites bêtes de toute sorte s'approchaient de son cadavre et se mettaient à le manger, l'attaquant partout à la fois, se glissant sous ses vêtements pour mordre sa peau froide. Et un grand corbeau lui piquait les yeux de son bec effilé.

Alors, il devint fou, s'imaginant qu'il allait s'évanouir de faiblesse et ne plus pouvoir marcher. Et déjà, il s'apprêtait à s'élancer vers le village, résolu à tout oser, à tout braver, quand il aperçut trois paysans qui s'en allaient aux champs avec leurs fourches sur l'épaule, et il se replongea dans sa cachette.

Mais, dès que le soir obscurcit la plaine, il sortit lentement du fossé, et se mit en route, courbé, craintif, le cœur battant, vers le château lointain, préférant entrer là dedans plutôt qu'au village qui lui semblait redoutable comme une tanière pleine de tigres.

Les fenêtres d'en bas brillaient. Une d'elles était même ouverte; et une forte odeur de viande cuite s'en échappait, une odeur qui pénétra brusquement dans le nez et jusqu'au fond du ventre de Walter Schnaffs; qui le crispa, le fit haleter, l'attirant irrésistiblement, lui jetant au cœur une audace désespérée.

Et brusquement, sans réfléchir, il apparut, casqué, dans le cadre de la fenêtre.

Huit domestiques dînaient autour d'une grande table. Mais soudain une bonne demeura béante, laissant tomber son verre, les yeux fixes. Tous les regards suivirent le sien!

On aperçut l'ennemi!

Seigneur! les Prussiens attaquaient le château! . . .

Ce fut d'abord un cri, un seul cri, fait de huit cris poussés sur huit tons différents, un cri d'épouvante horrible, puis une levée tumultueuse, une bousculade, une mêlée, une fuite éperdue vers la porte du fond. Les chaises tombaient, les hommes renversaient les femmes et passaient dessus. En deux secondes, la pièce fut vide, abandonnée, avec la table couverte de mangeaille en face de Walter Schnaffs stupéfait, toujours debout dans sa fenêtre.

Après quelques instants d'hésitation, il enjamba le mur d'appui et s'avança vers les assiettes. Sa faim exaspérée le faisait trembler comme un fiévreux: mais une terreur le retenait, le paralysait encore. Il écouta. Toute la maison semblait frémir; des portes se fermaient, des pas rapides couraient sur le plancher du dessus. Le Prussien inquiet tendait l'oreille à ces confuses rumeurs; puis il entendit des bruits sourds comme si des corps fussent tombés dans la terre molle, au pied des murs, des corps humains sautant du premier étage.

Puis tout mouvement, toute agitation cessèrent, et le grand château devint silencieux comme un tombeau.

Walter Schnaffs s'assit devant une assiette restée intacte, et il se mit à manger. Il mangeait par grandes bouchées comme s'il eût craint d'être interrompu trop tôt, de n'en pouvoir engloutir assez. Il jetait à deux mains les morceaux dans sa bouche ouverte comme une trappe; et des paquets de nourriture lui descendaient coup sur coup dans l'estomac, gonflant sa gorge en passant. Parfois, il s'interrompait, prêt à crever à la façon d'un tuyau trop plein. Il prenait alors la cruche au cidre et se déblayait l'œsophage comme on lave un conduit bouché.

Il vida toutes les assiettes, tous les plats et toutes les bouteilles; puis, saoul de liquide et de mangeaille, abruti, rouge, secoué par des hoquets, l'esprit troublé et la bouche grasse, il déboutonna son uniforme pour souffler, incapable d'ailleurs de faire un pas. Ses yeux se fermaient, ses idées s'engourdissaient; il posa son front pesant dans ses bras croisés sur la table, et il perdit doucement la notion des choses et des faits.

Le dernier croissant éclairait vaguement l'horizon au-dessus des arbres du parc. C'était l'heure froide qui précède le jour.

Des ombres glissaient dans les fourrés, nombreuses et muettes; et parfois, un rayon de lune faisait reluire dans l'ombre une pointe d'acier.

Le château tranquille dressait sa grande silhouette noire. Deux fenêtres seules brillaient encore au rez-de-chaussée.

Soudain, une voix tonnante hurla:

«En avant! nom d'un nom! à l'assaut! mes enfants!»

Alors, en un instant, les portes, les contrevents et les vitres s'enfoncèrent sous un flot d'hommes qui s'élança, brisa, creva tout, envahit la maison. En un instant cinquante soldats armés jusqu'aux cheveux, bondirent dans la cuisine où reposait pacifiquement Walter Schnaffs, et, lui posant sur la poitrine cinquante fusils chargés, le culbutèrent, le roulèrent, le saisirent, le lièrent des pieds à la tête.

Il haletait d'ahurissement, trop abruti pour comprendre, battu, crossé et fou de peur.

Et tout d'un coup, un gros militaire chamarré d'or lui planta son pied sur le ventre en vociférant:

«Vous êtes mon prisonnier, rendez-vous!»

Le Prussien n'entendit que ce seul mot «prisonnier», et il gémit: «*ya*, *ya*, *ya*».

Il fut relevé, ficelé sur une chaise, et examiné avec une vive curiosité par ses vainqueurs qui soufflaient comme des baleines. Plusieurs s'assirent, n'en pouvant plus d'émotion et de fatigue.

Il souriait, lui, il souriait maintenant, sûr d'être enfin prisonnier!

Un autre officier entra et prononça:

«Mon colonel, les ennemis se sont enfuis; plusieurs semblent avoir été blessés. Nous restons maîtres de la place.»

Le gros militaire qui s'essuyait le front vociféra: «Victoire!»

Et il écrivit sur un petit agenda de commerce tiré de sa poche:

«Après une lutte acharnée, les Prussiens ont dû battre en retraite, emportant leurs morts et leurs blessés, qu'on évalue à cinquante hommes hors de combat. Plusieurs sont restés entre nos mains.»

Le jeune officier reprit:

«Quelles dispositions dois-je prendre, mon colonel?»

Le colonel répondit:

«Nous allons nous replier pour éviter un retour offensif avec de l'artillerie et des forces supérieures.»

Et il donna l'ordre de repartir.

La colonne se reforma dans l'ombre, sous les murs du château, et se mit en mouvement, enveloppant de partout

Walter Schnaffs garrotté, tenu par six guerriers le revolver au poing.

Des reconnaissances furent envoyées pour éclairer la route. On avançait avec prudence, faisant halte de temps en temps.

Au jour levant, on arrivait à la sous-préfecture de La Roche-Oysel, dont la garde nationale avait accompli ce fait d'armes.

La population anxieuse et surexcitée attendait. Quand on aperçut le casque du prisonnier, des clameurs formidables éclatèrent. Les femmes levaient les bras; des vieilles pleuraient; un aïeul lança sa béquille au Prussien et blessa le nez d'un de ses gardiens.

Le colonel hurlait.

«Veillez à la sûreté du captif.»

On parvint enfin à la maison de ville. La prison fut ouverte, et Walter Schnaffs jeté dedans, libre de liens.

Deux cents hommes en armes montèrent la garde autour du bâtiment.

Alors, malgré des symptômes d'indigestion qui le tourmentaient depuis quelque temps, le Prussien, fou de joie, se mit à danser, à danser éperdument, en levant les bras et les jambes, à danser en poussant des cris frénétiques, jusqu'au moment où il tomba, épuisé au pied d'un mur.

Il était prisonnier! Sauvé!

C'est ainsi que le château de Champignet fut repris à l'ennemi après six heures seulement d'occupation.

Le colonel Ratier, marchand de drap, qui enleva cette affaire à la tête des gardes nationaux de La Roche-Oysel, fut décoré.

(11 avril 1883.)

ANNOTATIONS

Si le genre des substantifs n'est pas reconnaissable dans le texte, il est indiqué par m ou f.
Beaucoup de termes spéciaux sont expliqués directement par l'équivalent allemand parce que des explications françaises auraient été trop longues et trop compliquées.
Le petit crochet devant un mot indique que l'H initial est aspiré.
Les chiffres en caractères gras renvoient à la page.

Abréviations

m	masculin
f	féminin
pl	pluriel
qch.	quelque chose
qn	quelqu'un
fig.	au sens figuré
péj.	au sens péjoratif
fam.	terme familier
pop.	terme populaire
pat.	patois
v.	voir
interj.	interjection

AVANT-PROPOS

avant-propos m — courte introduction en tête d'un livre
farce — une grosse plaisanterie; un bon tour qu'on joue à quelqu'un pour s'amuser
scatologique — grossier (derb)
galéjade — exagération plaisante — dans le Midi — (Aufschneiderei); une histoire exagérée, invraisemblable
blague — plaisanterie qui consiste à raconter des histoires fausses, ou à envisager les choses avec scepticisme et ironie
abondance f — une très grande quantité de qch.; richesse considérable (sens ironique)
proviseur — directeur de lycée (homme)
pion m — sobriquet (Spitzname) donné par les écoliers à leurs maîtres d'étude, à leurs surveillants (Petit Littré)
bombance — un très bon repas
austérité f — ascétisme (Härte, Strenge)

la vie de cloître — ici: l'isolement de la vie monastique (klösterlich)
faire campagne — aller en guerre
garde mobile — autrefois, une sorte de milice, qui groupait les jeunes gens non recrutés pour l'armée active, et qui devait contribuer à assurer l'ordre et la défense intérieure du territoire; aujourd'hui, une des forces de gendarmerie qui assurent la sûreté intérieure du pays.
maladie mentale — maladie du cerveau (Geisteskrankheit)
lucidité — avoir sa ~ (bei vollem Verstande sein)
cocasse — drôle, extraordinaire

LA FARCE

5 4 *croque-mort m fam.* — employé des pompes funèbres (Beerdigungsinstitut) chargé du transport des morts au cimetière. *avoir une figure de croque-mort:* avoir un air sinistre; faire une figure d'enterrement
8 *mystifier* — tromper qn en abusant de sa crédulité et pour s'amuser à ses dépens
crédule — qui croit trop facilement
bafouer qn — ridiculiser qn
niais — ici: subst. m pl. se dit de qn qui est d'une grande ignorance associée à une naïveté un peu sotte; c'est un niais = c'est une personne stupide et naïve
9 *duper* — tromper
retors —fam.: rusé
15 *morbleu* — interj.: (verdammt! zum Kuckuck!)
16 *désopilant*, e — personne ou chose qui fait beaucoup rire
19 *retenue f* — attitude d'une personne qui sait se maîtriser, contenir ses sentiments; réserve, modération
25 *infliger* — faire subir qch. à qn
29 *Picardie* — région au nord du Bassin parisien

6 2 *défiance f* — méfiance; crainte d'être trompé
3 *cajoler qn* — l'entourer de caresses, d'attentions délicates, de paroles tendres, pour lui témoigner son affection ou pour le séduire
4 *furet m* — 1. petit animal du genre des martres dont on se sert pour la chasse des lapins de garenne (Frettchen) 2. jeu de société consistant à passer un objet de main en main tandis qu'un joueur s'efforce de deviner dans quelle main il se trouve et de le saisir. *Jouer au furet*. 3. par rapport à ce jeu ici fig. et fam.: personne qui fouille (herumstöbert) partout et qui a beaucoup d'habilité (Geschick) à découvrir certaines choses (*Spürhund*; Weis, Klett)
12 *gibier* — se dit collectivement des animaux que l'on chasse pour les manger
20 *épier* — observer
22 tenture *f* — pièce de tissu, de cuir, de papier, servant d'élément de décoration murale (Wandbehang — Tapete)

24 *regarder à la serrure* — il se trouve à la serrure (Türschloß) pour regarder par le trou de la serrure

31 *auvent m* — petit toit abritant une porte, une fenêtre (kl. Vordach). Un *auvent* est fixe et il ne se laisse pas ouvrir et fermer. (v. texte) Maupassant n'est pas strict dans l'emploi de ce mot. Au sens strict du mot il aurait dû se servir du mot *volet* (Fensterladen) dont il s'agit en vérité: Le volet est souvent en bois, il protège contre le vent et la pluie et on peut le fermer et l'ouvrir

7 6 *ciel-de-lit* — baldaquin au-dessus d'un lit (Betthimmel)

7 *sommier* — (Sprungfedermatratze)

8 *accomplir* — exécuter, réaliser; des farces accomplies = (vollführte Streiche)

15 *alcôve f* — enfoncement dans le mur d'une chambre pour y placer un lit

18 *tressaillir* — sursauter; éprouver une agitation vive (zusammenzucken)

26 *s'écrouler* — tomber lourdement en se brisant (zusammenstürzen, — brechen)

31 *favoris m pl* — touffe de barbe qu'on laisse pousser de chaque côté du visage

32 *grêle de gifles* — des gifles qui tombent, qui arrivent en abondance

33 *gifle f* — coup donné sur la joue avec le plat ou le dos de la main

bond m — action de bondir = sauter brusquement; *d'un bond* = (mit einem Satz)

tremper — mouiller dans un liquide

8 5 *redouter* — craindre fort

8 *vacance f* — temps pendant lequel une fonction n'est pas remplie; au pl temps durant lequel les études cessent dans les écoles, dans les collèges: Le temps des vacances. Il se dit aussi quelquefois au singulier. Un jour de vacance (Petit Littré). Ici, il faut prendre l'expression *passer chaque vacance* dans son acception la plus large: *passer chaque moment libre* . . .

12 *prêcheux, se* — fig.: qui aime à faire la morale aux autres

hargneux, se — qui est méchant et plein de colère

13 *vindicatif, ve* — qui aime à se venger (rachsüchtig)

16 *chipie* — fam.: femme ou jeune fille désagréable et dédaigneuse

22 *procédé m* — manière d'une personne de se comporter (souvent péj.); façon d'agir à l'égard d'autrui; comportement, conduite

24 *propriété f* — ce qui distingue un corps des autres, au point de vue physique, chimique, etc.

25 *phosphure* — combinaison du phosphore avec un autre corps

27 *infect, e* — très mauvais

chiper — fam.: voler, dérober

34 *furtivement* — adv. (adj.: furtif, ve) discrètement, secrètement, en cachette

9 10 *bardes f pl* — péj.: vêtements pauvres et usagés (Klamotten)
peignoir — ici: une robe de chambre que portent les femmes le matin, avant de s'habiller
16 *râtelier* — appareil de fausses dents; dentier
26 *clapotement* — le bruit d'un liquide agité (en général en parlant des vagues)
32 *souplesse* — flexibilité; facilité à se mouvoir
34 *crépiter* — faire entendre une succession de bruits secs; pétiller
35 *feu grégeois* — mélange de souffre (Schwefel), de poix (Pech), de salpètre, etc. que les Byzantins utilisaient à la guerre et qui brûlait dans l'eau
37 *sortilège* — action qui semble magique (Zauberei)

10 3 *ronger* — manger, détruire
entrailles f pl — (Eingeweide)
6 *épouvante f* — frayeur, panique
8 *s'abattre* — se laisser tomber
14 *rumeur f* — bruit confus de voix
16 *calotte f* — fam.: tape donnée à un enfant sur la joue, la tête; gifle
21 *flanc* — partie latérale du corps de l'homme

LE VOLEUR

11 8 *sévir* — ici fig.: se faire sentir vivement
hanter — poursuivre, obséder
11 *Barbizon* — ville en bordure de la forêt de Fontainebleau (département: Seine-et-Marne)
21 *gris* — fig. et fam.: à moitié ivre; qui est près d'être ivre
23 *discourir* — parler longuement sur un sujet, péj., bavarder (schwätzen)
27 *armoire aux accessoires* — (Requisitenschrank)
29 *contraindre* — obliger qn par force à faire qch.
30 *empoigner* — saisir qn pour le mettre en état d'arrestation

12 2 *engloutir* — avaler; ici: faire presque disparaître
5 *soudard m* — ici péj.: individu brutal et grossier (alter Haudegen)
10 *brailler* — chanter mal et fort
18 *panoplie* — collection d'armes diverses
21 *pistolet d'arçon* — (Sattelpistole)
22 *'hache d'abordage* — (Enterbeil)
23 *brandir* — agiter en l'air
32 *opérer une reconnaissance* — opération visant à obtenir des renseignements sur les positions ou les mouvements de l'ennemi (erkunden, aufklären)
33 *paravent* — (Wandschirm)

13 3 *tous les coins et recoins* — (alle Winkel und Ecken)
5 *placard* — armoire pratiquée dans un mur
11 *enfumer qn* — l'incommoder par la fumée

12 *famine* — manque de vivres
24 *bousculade* — action de se pousser mutuellement
27 *sordide* — très sale
déguenillé, e — dont les vêtements sont en lambeaux = déchirés

14 5 *exhorter* — encourager par ses paroles
sein — fig.: le coeur, l'esprit; *déposer ses secrets dans le sein d'un ami*
8 *voix creuse* — une voix grave et sonore (tief und voll)
14 *gredin* — coquin, malfaiteur, bandit
16 *bâillonner* — mettre qch. dans ou sur la bouche de qn pour l'empêcher de crier
17 *ruer* — fig.: (sich wild sträubend bewegen)
se tordre — (sich winden)
20 *détente* — pièce du mécanisme d'une arme à feu qui fait partir le coup (Abzug)
chien — la pièce d'un fusil, d'un pistolet, qui vient frapper et enflammer la *capsule* = (*Zündhütchen*) (Hahn)
22 *étincelle* — (Funke)
29 *bourreau* — celui qui est chargé de mettre à mort les condamnés
31 *concluant* — qui prouve bien ce qu'on a dit (beweiskräftig)
37 *mander qn* — le prier de venir
38 *scie f* — fam.: une chose très ennuyeuse et énervante (vgl.: Nervensäge)

15 7 *agonisant* — luttant contre la mort
8 *ligaturer* — lier
12 *nom d'un chien* — interj.: (verflixt und zugenäht!)
26 *vestibule* — pièce d'entrée d'une maison, d'un appartement (Diele)
27 *porte cochère* — grande porte à deux battants donnant sur la rue et permettant le passage des voitures
29 *se camper* — prendre une attitude fière et décidée (suivi d'un complément de lieu); se planter

LE DIABLE

16 3 *lucide* — qui voit, comprend, explique clairement les choses: *un esprit lucide*
9 *sabot m* — chaussure de bois
10 *rustre m* — homme grossier et brutal; autrefois: paysan
11 *cuisant, e* — brûlant; qui produit une douleur aiguë comme une brûlure
12 *sauterelle f* — insecte ailé et sauteur (Heuschrecke)
s'égosiller — crier fort et longtemps
13 *crépitement* — v. 9, 34
14 *criquet m* — (Ratsche)
18 *passer* — ici: mourir
21 *qué qu't'en dis, ma mé?* — pat.: qu'est-ce que tu en dis, ma mère; notez l'emploi de formes et de constructions propres au patois normand: *mé* pour *moi* et *mère*, *alle* pour *elle*, *j'y sieus* pour *j'y suis*,

j'sommes pour *je suis*, *j'courrons* pour *nous courrons*, *éfant* pour *enfant*, l'emploi de formes élidées *j'veux*, *m'faire*, *s'rait*, *l'médecin*, *d'main* . . . et syncopées *c'te*, *v'là* . . . pour conserver au dialogue l'atmosphère du parler local

23 *tenaillé*, *e* — tourmenté, e

30 *parbleu* — interj. (in Gottes Namen)

17 1 *crever* — mourir, en parlant des animaux, est péjorativement aussi appliqué aux hommes (verrecken)

6 *comben qu'é prend?* — pat.: combien est-ce qu'elle prend?

9 *morbleu* — v. 5, 15

12 *j'y vas* — pat.: j'y vais

14 *badiner* — plaisanter

18 *j'vas quéri* — pat.: je vais chercher

s'éluger — pat.: être troublé, perdre la tête; le verbe existe en vieux français et vient du latin *elugere* = être en deuil

21 *repasseuse* — une ouvrière qui repasse le linge et les vêtements (Plätterin)

25 *ridé*, *e* — (runzlig)

32 *trépas m* — la mort d'un homme

36 *collerette* — petit collet de linge pour les femmes (Kragen)

18 11 *tourner de l'œil* — fam.: mourir

14 *baquet* — petite cuve de bois

17 *la r'levée* — la relevée: le temps après lequel on s'est relevé de la sieste; l'après-midi

19 *préambule m* — sorte d'avant-propos

26 *nonobstant* — malgré

33 *tenace* — qui tient fortement *á* ses idées; ici: qui a la vie dure (zählebig)

37 *de part et d'autre* — d'un côté comme de l'autre; chez l'un comme chez l'autre

19 4 *traiter un trépas à forfait* — (einen Pauschalvertrag über den Tod aushandeln)

8 *v'nez-y*, *la vé* — venez-y, la voir

15 *meuglement* — cri du bœuf, de la vache

23 *grabat* — mauvais lit

indienne f — toile de coton peinte ou imprimée qui se fabriquait aux Indes

couverture d'indienne — (Decke aus bedrucktem Kattun)

24 *noué*, *e* — pop.: rachitique; ici: mains noueuses: décharnées et pleines de nœuds

26 *besogne f.* — travail, ouvrage, occupation

séculaire — qui se fait de siècle en siècle

29 *palper* — toucher avec la main en vue d'examiner

20 4 *acharné*, *e* — enragé, excité (hartnäckig)

8 *la levée du corps* — l'enlèvement du corps de la maison mortuaire

14 *sans relâche* — continuellement, constamment
16 *moyennant* — à la condition de
18 *vous a-t-on administrée au moins?* — (Hat man Sie wenigstens schon mit den Sterbesakramenten versehen?)
20 *dévot, e* — pieux, se
23 *presbytère* — habitation du curé
26 *surplis m* — vêtement à manches larges, que les prêtres portent sur la soutane (Chorhemd)
32 *gerbe f* — botte de blé coupé et lié (Bund, Garbe)
41 *poulain* — jeune cheval
43 *lancer des ruades* — (ausschlagen)

21 4 *se prosterner* — s'abaisser, s'incliner en avant et très bas dans une attitude d'adoration, de respect; faire preuve d'une grande humilité (= Demut)
8 *subtil* — qui a beaucoup de finesse; qui a le sens des nuances
9 *pardi* — interj.: bien sûr, naturellement (gewiß)
13 *communier* — recevoir la communion (= Abendmahl)
15 *chaumière* — petite maison rustique couverte de chaume (= Stroh)
19 *voltiger* — voler ça et là; flotter au gré du vent (flattern)
image d'Epinal — Epinal est une ville dans les Vosges (Vogesen) célèbre par son industrie d'images, qui fut florissante à Epinal depuis 1796, *Imagerie d'Epinal.* (imagerie: Bilderbogen-Druckblätter auch mit Bildfolgen. Besonders bekannt wurden die bunten „Bilderbogen von Epinal" — Imagerie d'Epinal — seit 1796; vgl. auch die Nürnberger-, Neuruppiner-, die Weißenburger, die Münchener Bilderbogen). Ces images sont depuis longtemps synonymes de «représentation conventionnelle», «stéréotype»; c'est une imagerie populaire simple et naïve.
22 *se débattre* — s'agiter vivement
24 *sans faute* — à coup sûr, sans manquer

22 8 *agonisante f* — la mourante
9 *opressé, e* — tourmenté, e
impassible — insensible
10 *crispé, e* (verkrampft)
épouvante — v. **10,** 6
12 *étreindre* — serrer, presser
14 *finaud* — malin, rusé
qui l'avait jouée — pop.: qui lui avait joué un tour
19 *goguenard* — moqueur
21 *s'exaspérer* — s'énerver
23 *bourrique* — fig. et fam.: personne stupide, ignorante; bourricot: fam. (Esel)
24 *têtu, e* — opiniâtre (eigensinnig, starrköpfig)
obstiné, e — tenace, entêté, dur
34 *débile* — faible, fragile
37 *marmite* — récipient où l'on fait cuire les aliments

23 12 *seau* — récipient de bois, de métal qui sert à transporter de l'eau
14 *heurter* — frapper, toucher rudement
fracas — bruit violent
19 *guignol m* — (Kasperletheater)
20 *éperdu, e* — troublé par une violente émotion
26 *foyer* — lieu où l'on fait le feu (Herd)
29 *l'eau du bénitier* (das Wasser aus dem Weihwasserbecken)
buis — (Buchsbaumzweig); branche de buis qu'on bénit le jour des Rameaux (am Palmsonntag)
cloué, e fixé avec un clou (= Nagel)
31 *les prières des trépassés* — (Totengebete)

TOINE

24 6 *hameau* — petit groupe de maisons dans la campagne
8 *fossé m* — (Graben)
10 *blottir* — (sich ducken, anschmiegen; hier: eingebettet)
11 *ajonc m* — (Stechginster)
14 *sillon m* — (Furche im Acker)
ouragan m — forte tempête
21 *locution* — expression
22 *fine* — alcool
24 *abreuver* — faire boire (un animal)
25 *brûlot* — eau-de-vie brûlée avec du sucre
26 *bé, pé Toine* — pat.: . . . boire, père Toine
28 *gendre* — le mari de ma fille (Toine appelle tous ses amis *mon gendre* bien qu'il n'ait pas de fille)
tripe — ventre

25 3 *dérisoire* — ridicule
7 *consommateur* — client
8 *il était invité de droit* — il avait le droit de s'inviter pour; invité automatiquement
prélever — prendre
10 *enseigne f* — panneau portant une inscription
11 *contrée* — région
13 *rigoler* — rire
pierre de tombe — (Grabstein)
14 *blaguer qn* — se moquer de, taquiner qn
15 *cligner de l'œil* — fermer rapidement un œil pour faire signe à qn
16 *cuisse* —(Oberschenkel)
accès de gaieté — (Ausbruch von Heiterkeit)
21 *se régaler* — ici: boire avec plaisir
26 *opposer* — pat.: (en) empêcher
primo qu'a l'est salée — pat.: d'abord elle est salée
27 *deusio* — ensuite
vu que mon abdomin n'est point pliable pour bé à c'te tasse-là — car mon

ventre est si gros que je ne peux pas me baisser pour boire à cette tasse-là

31 *se chamailler* — se disputer

34 *d'échassier* — comme un oiseau à grandes pattes

35 *chat-huant* — oiseau de nuit (Waldkauz)

37 *cabaret* — bistrot, café

38 *engraisser* — faire grossir en donnant beaucoup à manger

volaille f — ensemble des oiseaux qu'on élève pour leurs œufs ou leur chair (Geflügel)

26 1 *les gens de la haute* — les gens riches

2 *goûté* — bon, apprécié

3 *pensionnaire* — sens ici: une poule

6 *en vouloir à qn* — avoir de mauvais sentiments pour qn

8 *embonpoint m* (Wohlbeleibtheit)

propre à rien — bon à rien; qui ne sait rien faire

9 *sapas* — pat.: cochon

12 *exaspéré* — furieux

14 *un quétou* — pat.: un gros lard; un homme très gras

C'est que d'la graisse que ça en fait mal au cœur — il a tant de graisse qu'on en a mal au cœur

17 *Espère, espère un brin ; j'verrons c'qu'arrivera, j'verrons ben !* — Attends, attends un peu; nous verrons ce qui arrivera, nous verrons bien!

18 *crever* — 1. laisser partir l'air par un trou; *le ballon crève ;* 2. mourir (en parlant des animaux); la mère Toine emploie le mot dans les deux sens.

ce gros bouffi — (dieser Fettwanst)

21 *la mé Poule* — fig: (du Gluckenmutter)

planche — fig: (mager wie ein Brett)

tâche d'engraisser comme ça d'la volaille — (versuche doch, dein Federvieh auch so dick (wie mein Bauch) zu mästen)

24 *en v'là un aileron, la mé, en v'là un* — (und das hier, Mutter, das ist ein richtiger Flügel)

27 *dans un délire de gaieté* — avec une grande gaieté

33 *soufflant* — avoir le souffle court

35 *des perfidies bouffonnes* — des tromperies grotesques

37 *gueuse* — ici: vilaine (la mort est personnifiée)

27 1 *affaissement m* — déclin, affaiblissement (Verfall, Entkräftung)

2 *bigre* — interj. (Donnerwetter!)

4 *enluminer* — orner de couleurs vives

souffler — gonfler

6 *infliger* — imposer

11 *paralyser* — immobiliser

12 *cloison* — mur peu épais séparant deux pièces (dünne Zwischenwand)

20 *retaper le lit* — le refaire, mais en hâte et plus ou moins bien

22 *paillasse* — (Strohsack)

25 *piailler* — crier sans cesse

26 *faigniant* — pat.: fainéant = paresseux

27 *soulot* — pat.: soûlard ou soûlaud = ivrogne

c'est du propre — fam. iron.: (se dit d'une chose qu'on désapprouve fortement = das ist eine schöne Wirtschaft)

37 *regaloper* — fig. et fam.: marcher, courir à nouveau

28 3 *l'coffre* — le coffre: pat. le ventre

7 *me fait deuil* — pat. me rend malheureux

8 *nom d'un nom* — interj. fam.: nom de Dieu, nom de nom (juron exprimant la colère, la surprise etc.: verflixt und zugenäht)

j'm'en gargarise — ici: je m'en moque (darauf pfeife ich)

12 *guétez-le* — pat., ici: regardez-le (vgl. guetter qn)

19 *miette f* — petite parcelle qui tombe du pain lorsqu'on le coupe

26 *sec* — (hager)

27 *furet m* — (Frettchen)

futé — rusé, malin

31 *de rudes parties* — ici: de belles parties (rude = expr. fam. = remarquable en son genre; vgl. *un rude appétit* ou au sens *très: il est rudement content*)

37 *culbuter* — renverser

29 1 *ce gros suiffeux* — ce gros lard

2 *narguer* — témoigner son dédain à qn, se moquer de qn

14 *four* — (Bratofen)

15 *couver* — la poule couve ses œufs en restant couchée dessus pour les chauffer

19 *couvée* — ensemble des œufs qu'un oiseau couve en même temps

20 *d'même* — de la même façon

éclos — sortis de l'œuf (inf.: éclore)

21 *poussin m* — petit poulet nouvellement éclos

23 *interdit* — très étonné

35 *éperdu* — v. **23,** 20

30 3 *graine* — semence (Samen)

5 *fricot* — fam. ragoût, mets grossièrement cuisiné

15 *dans sa couche* — dans son lit

22 *T'as donc l'bras noué?* — sens: Tu as mal au bras? (noué: lié par un nœud = verbunden)

33 *le découvrit d'une secousse* — elle ouvrit le lit d'un mouvement

34 *suffoquer* — ne pas pouvoir respirer; perdre le souffle de colère, d'étonnement . . . (hier: benommen vor Zorn)

35 *cataplasme* — fig. fam.: (Brei, Pampe)

36 *frémir* — trembler

elle se rua sur le paralytique — elle se jeta sur le malade

38 *mare* — petite étendue d'eau peu profonde et stagnante (Tümpel, Teich); un petit étang

31 3 *suffoquer* — v. **30**, 34
4 *éternuer* — (niesen)
parer — essayer d'éviter ou de détourner qch
20 *anuit* — aujourd'hui (depuis la nuit; latin: a nocte)
30 *avoir maujeure* — se sentir malade et épuisé (wie gerädert)
31 *j'ai des frémis* — = des fourmis (très employé jusqu'au 13e siècle, ensuite, dialectal), ici: *j'ai comme des fourmis qui me courent sur la peau*

32 14 *jaser* — causer, parler
18 *chatouillement inusité* — (ungewöhnliches Kitzeln)
19 *duvet m* — (Flaum)
24 *saltimbanque* — (Gaukler, Possenreißer)
25 *bestiole* — petite bête
26 *blotti* — ici: caché
28 *glousser* — appeler ses petits (en parlant d'une poule)
32 *à c't'heure* — sens: maintenant
35 *sage-femme* — (Hebamme)
37 *comme s'il eût été un phénomène* — comme si c'était un poussin extraordinaire et pas comme les autres

33 5 *qué baptême!* — sens ici: quelle famille!
12 *éperdument* — follement (wie toll)
hérisser — dresser, mettre droit
18 *affolé de joie* — fou de joie
19 *frêle* — fragile
21 *être* — (Wesen)
22 *cet être si petiot qu'il avait donné à la vie* — cet être si petit à qui il avait donné la vie
23 *supplication f* — prière faite avec insistance (inständige Bitte)
25 *deviser* — s'entretenir familièrement, bavarder
27 *à fricasser* — sens ici: à manger
28 *pas vrai?* — fam.: n'est-ce pas?
31 *pour sûr* — fam.: certainement

LE PARAPLUIE

34 4 *arsenal* — fig. ensemble, réserve, quantité importante
multiplication — augmentation
6 *faire danser l'anse du panier* — (se dit des domestiques peu scrupuleux qui augmentent le prix des achats faits pour ses patrons, — d. h.: etwas Geld auf diese Weise in die eigene Tasche verschwinden lassen)
20 *ridé, e* — (runzlig, faltig)
21 *irrité, e* — facilement mis en colère
22 *privation f* — manque (Entbehrung, Einschränkung)
25 *vanité* — (Eitelkeit)
26 *commis principal* — fonction peu élevée dans la hiérarchie administrative: eine Art Bürovorsteher)

30 *rapiécer* — raccommoder, réparer avec des pièces
être las de — ennuyé, dégoûté de (qui ne peut plus supporter qn ou qch
31 *quolibet m* — raillerie, mauvaise plaisanterie

35 9 *riflard* — terme familier pour désigner le parapluie
10 *justificatif, ve* — qui sert à prouver qch; *une facture justificative:* (Rechnung als Beleg)
17 *élastique m* (Gummiband)
20 *dégrafer* — défaire, détacher ce qui est agrafé (loshaken)
anneau m — cercle de matière dure qui sert à attacher ou retenir (Ring)

36 1 *plaie* — ici: le trou, la déchirure
bredouiller — parler d'une manière précipitée et peu distincte
7 *saltimbanque* — v. **32,** 24
12 *trépigner* — frapper des pieds contre terre à plusieurs reprises, sous le coup d'une émotion
13 *conjugal, e* — qui concerne l'union entre les époux (ehelich)
redoutable — fort à craindre; dangereux
16 *ajuster* — adapter, mettre aux dimensions convenables; rendre conforme à qch (hier: ein Stück zurechtschneiden)
23 *suffoquer* — v. **30,** 34
24 *criblé* — (wie ein Sieb — *crible* — durchlöchert)
25 *cendre* — résidu de toute combustion (Asche)
33 *canaille* — interj. (Du Schuft!)
37 *malveillance* — mauvais vouloir à l'égard de qn; intention de nuire (Böswilligkeit)
vengeance — action de se venger (rächen)

37 6 *perdre ses habits* — sens de *perdre:* gâter (verderben)
12 *démission* — renoncer volontairement à une fonction, à un emploi
19 *démence* — (Blödsinn)
24 *net* — adv.: tout à coup
29 *avoir un soubresaut* — petit saut brusque, tressaillement, par suite d'une émotion (entsetzt zusammenfahren)

38 2 *affronter* — braver
railleur, euse — adj. et subst., verbe: *railler* = tourner en ridicule (qn, qch) par des moqueries
8 *marteler* — frapper fort, battre à coups de marteau; ici: fig.
10 *poltron m* — qui manque de courage; lâche
11 *devenir crâne* — fam.: se donner un air courageux, mais sans être réellement courageux.
15 *baleine f* — (hier: Schirmstange)
19 *rue de Rivoli* — grande rue commerciale à Paris qui longe le Louvre
24 *tressaillir* — v. **7,** 18
26 *incendie m* — grand feu qui se propage en causant des dégâts
36 *treillage* — (Gitterwerk)

39 2 *rembourser* — (vergüten)

4 *bureau des sinistres* — (Schadenabteilung)

13 *décoré* — qui porte une décoration = signe d'une distinction honorifique, souvent militaire

18 *siège* — meuble pour s'asseoir; chaise

25 *revendication f* — l'action de revendiquer = réclamer une chose sur laquelle on a un droit

40 5 *loqueteux* — (zerfetzt)

6 *compatissant* — qui prend part aux souffrances d'autrui (mitfühlend)

21 *bouche béante* — qui ouvre grand la bouche

32 *aplomb m* — fig.: assurance (innere Sicherheit)

38 *indemnité f* — (Schadenersatz)

41 1 *convenir de* — reconnaître comme vrai; *convenez-en:* (das müssen Sie doch wohl verstehen, zugeben)

2 *balai m* — (Besen)

savate f — vieille pantoufle

3 *avarie f* — (hier allgemein: Schaden)

30 *rater* — ne pas réussir

33 *un mot d'esprit* — (witzige Bemerkung)

42 4 *je ne vis pas* — (Sinn: ich lebe dauernd in Angst)

9 *prendre son parti de qch* — l'accepter comme inévitable; s'y résigner (sich mit etwas abfinden)

25 *avoir hâte* — se dépêcher, faire très vite

29 *d'allure riche* — d'apparence riche et élégante

32 *regarder à qch* — considérer attentivement; y donner toute son attention (achten, großen Wert legen auf) — fam. hésiter à (faire une dépense) = être regardant = avare, économe; il regarde à la dépense

ROSE

43 2 *ensevelir* — enterrer, envelopper, cacher

3 *landau m* — ancienne voiture à cheval à quatre roues, à capote formée de deux *soufflets pliants* = (Klappverdeck, (Falten-) Balg)

5 *bannette f* — (kl. Weidenkörbchen)

satin m — étoffe fine de soie, de laine ou de coton

6 *violette f* — (Veilchen)

ours m — (Bär)

7 *amoncellement* — un tas de (Anhäufung)

8 *giroflée f* — plante à fleurs jaunes ou rousses très odorantes (Levkoje)

tubéreuse f — plante à hautes tiges portant des grappes de fleurs blanches très parfumées (Tuberose, Nachthyazinthe)

9 *nouer f* — attacher

faveur f — ruban (Band)

11 *corsage m* — vêtement féminin qui recouvre *le buste* = partie supérieure du corps humain

13 *fourreau* — étui (hier fig: die Peitsche ist mit Anemonen umwunden)
14 *trait m* — corde servant à tirer les voitures
capitonner — (bestecken)
ravenelle f — nom vulgaire de la *giroflée jaune* = (Goldlack)
18 *trot* — allure du cheval entre le pas et le galop (Trab)
rue d'Antibes — la rue principale de Cannes qui traverse la ville en faisant aujourd'hui partie de la route nationale 7 (N 7)
21 *flot* — ici fig: multitude, grande quantité
27 *voltiger* — voler ça et là; flotter au gré du vent
28 *gamin, e* — fam.: enfant qui passe son temps à jouer dans les rues (Straßenjunge, Bengel)

44 1 *vilain* — ici: le contraire de *noble, élevé* (*aux vilains* = dem gemeinen Volk)
bruyant, e — qui fait beaucoup de bruit
4 *se mitrailler* — (hier: sich bewerfen)
char — ici: voiture décorée
13 *une grêle de* — ce qui tombe comme la grêle = (Hagel): en abondance
16 *Esterel* — massif montagneux de la Provence maritime entre Saint-Raphaël et Cannes
17 *dentelé, e* — qui présente des pointes et des creux aigus (gezackt)
19 *escadre f* — force navale importante (Geschwader)
21 *apocalyptique* — qui évoque la fin du monde, de terribles catastrophes.
bossu, e — (bucklig, höckerig)
22 *frêle* — fragile, fin, délicat
25 *languissant, e* — qui manque d'énergie et d'enthousiasme
33 *engourdir* — priver le corps de mobilité et de sensibilité (lähmen, abstumpfen)

45 24 *décidément* — (sicher)
valet de pied — domestique de grande maison, en *livrée* = uniforme de certains serviteurs

46 5 *inepte* — sot, stupide
9 *en outre* — en plus de cela
18 *de son plein gré* — sans contrainte (freiwillig)
21 *pudibonde* — prude; qui a une pudeur exagérée jusqu'au ridicule (übertrieben schamhaft)
22 *arrêter* — (hier: einstellen)
27 *chiffonner les dentelles* — (die Spitzen ordnen)

47 2 *ma foi* — certes, en effet
5 *avec mystère* — d'une manière mystérieuse; en secret
7 *ordonnance* — autrefois, domestique militaire, soldat attaché à un officier
9 *bredouiller* — v. **36, 1**

13 *perquisition* — recherche de caractère policier au domicile de qn (Durchsuchung)
23 *Légion d'honneur* — ordre national créé par Bonaparte en 1802 pour récompenser les services civils et militaires
25 *forçat* — condamné aux travaux forcés (Zuchthäusler)
26 *révolté* — rempli d'indignation; indigné
30 *champenois* — de Champagne

48 24 *commuer* — changer en une peine moindre
27 *atterré, e* — consterné, e
30 *tatouer* — imprimer sur le corps des dessins (tätowieren)
37 *manier* — (hier: berühren)
humiliation — (Demütigung)

49 5 *viol m* — acte de violence par lequel un homme a des relations sexuelles avec une femme contre sa volonté
10 *livrée* — v. **45,** 24
sphinx m — monstre fabuleux, lion ailé à tête et buste de femme, qui tuait les voyageurs quand ils ne résolvaient pas l'énigme qu'il leur proposait. Symbole de mystère. — *Sourire de sphinx* = sourire mystérieux, énigmatique

L'AVENTURE DE WALTER SCHNAFFS

50 4 *l'armée d'invasion* — il s'agit de la guerre de 1870/71
8 *bienveillant, e* — qui a de la bonté
9 *magnanime* — bon, généreux
sanguinaire — cruel
14 *brasserie f* — grand café restaurant (Bierlokal)
22 *ronfler* — faire en respirant, pendant le sommeil, un certain bruit de la gorge (schnarchen)
24 *semer* — fig.: répandre
27 *contracter* — faire

51 4 *hérisser* — v. **33,** 12
poil — fam. les cheveux
8 *en reconnaissance* — opération militaire dont le but est de recueillir des renseignements (aufklären)
détachement — petit groupe de soldats détachés du gros de la troupe pour un service spécial (Kommando)
10 *se replier* — reculer; faire un mouvement en arrière et en bon ordre
13 *ravin m* — (Schlucht, Hohlweg)
14 *net* — v. **37,** 24
15 *franc-tireur m* — combattant qui n'appartient pas à une armée régulière
19 *éperdu* — v. **23,** 20
20 *détaler* — fam. s'enfuir rapidement
21 *tortue* — (Schildkröte)
22 *bondir* — sauter; ici aussi *courir*

24 *fossé* — (Graben)
broussailles f pl — (Gestrüpp)
25 *sauter à pieds joints* — sauter en gardant les pieds rapprochés (mit beiden Füßen zugleich)
27 *flèche* — trait qu'on lance avec un arc (Pfeil)
28 *liane f* — (Liane, Schlingpflanze)
ronces f pl — (Dornen)
31 *révélateur, trice adj.* — qui fait connaître qch (hier: auffallend); qui peut révéler (signaler) sa présence
dénoncer — trahir (verraten)
32 *à quatre pattes* — en posant les mains et les pieds par terre (auf allen vieren)
ornière f — ici: le fossé (v. **51,** 24)
33 *enlacé* — passé l'un dans l'autre (ineinander verflochten)
35 *tapi* — caché, aplati contre le sol, allongé

52 2 *clameur f* — ensemble de cris confus; bruit
4 *sursaut* — mouvement brusque, provoqué par une sensation subite et violente (plötzliches Auffahren)
18 *hostilités f pl* — ensemble des opérations de guerre
20 *atterré* — v. **48,** 27
25 *frémir* — v. **30,** 36
immodéré — excessif; qui dépasse la mesure, la normale
27 *appréhension f* — angoisse, peur
31 *se constituer prisonnier* — se livrer à la justice (hier: sich gefangen geben)
33 *assailli* — accablé, tourmenté (ergriffen, gequält)

53 1 *s'aventurer* — se risquer; aller avec un certain risque
2 *casque à pointe* — ancien casque des soldats allemands (Pickelhelm)
6 *fourche f* — outil fait de deux ou trois dents au bout d'un long manche (Mist-, Heugabel)
pioche f — outil fait avec un manche et un long fer pointu qui sert à creuser la terre (Spitzhacke)
faux f — outil qu'on emploie à la campagne pour couper le blé (Sense)
pelle f — outil avec un fer plat et un long manche qui sert à enlever de la terre (Schaufel)
7 *bouillie* — fig. et fam.: *mettre qn en bouillie* (jdn zu Brei schlagen)
pâtée — nourriture grossière: la pâtée du chien; ici fig. et fam.: couper en petits morceaux (zu Hackfleisch machen); — Schnaffs redoute d'être réduit en bouillie, en pâtée. —
acharnement — v. **20,** 4
8 *exaspéré, e* — v. **26,** 12
11 *histoire de* — pour
16 *éclaireur* — soldat envoyé en reconnaissance (v. **51,** 8)
17 *hardi* — qui a beaucoup de courage
ils lui tireraient dessus — pop.: ils tireraient sur lui

20 *s'affaisser* — s'écrouler
21 *écumoire* — large cuiller, percée de trous, pour écumer le bouillon ou les sauces (Schaumlöffel)
23 *sans issue* — (ausweglos, hoffnungslos)
26 *ténèbres f pl* — obscurité profonde
27 *terrier* — trou que certains animaux creusent dans la terre pour s'y abriter
28 *chouette f* — (Eule)
30 *écarquiller* — ouvrir démesurément
33 *damné* — qui est condamné à l'enfer
36 *se détendre* — cesser d'être tendu (sich entspannen)
37 *s'apaiser* — se calmer

54 3 *morne* — abattu par la tristesse (tieftraurig)
5 *bâiller* — respirer en ouvrant involontairement la bouche (gähnen)
10 *être tiraillé par* — être sollicité par des demandes ou des désirs contradictoires (hin und hergerissen sein)
13 *guetter* — ici: fig. attendre qch avec impatience
14 *au-devant de qn* — à la rencontre de qn
20 *être* — v. **33,** 21
24 *tourelle f* — petite tour
26 *corbeau m* — (Rabe)
27 *sourd, e* — (dumpf)
entrailles — v. **10,** 3
30 *hanter* — poursuivre (quälen, heimsuchen)
cauchemar m — rêve pénible dont l'élément dominant est l'angoisse (Alptraum)
31 *affamé, e* — qui a très faim (ausgehungert)

55 2 *effilé,e* — mince et allongé
13 *tanière* — abri souterrain d'un animal sauvage
14 *d'en bas* — en dessous
17 *crisper* — v. **22,** 10
18 *haleter* — respirer fréquemment et avec force (keuchen, schnauben)
19 *audace* — courage
23 *béante* — bouche béante (v. **40,** 21)
28 *épouvante* — v. **10,** 6
29 *bousculade* — v. **13,** 24
35 *enjamber* — faire un grand pas pour franchir

56 3 *tendre l'oreille* — (die Ohren spitzen)
rumeur — v. **10,** 14
12 *engloutir* — v. **12,** 2
13 *trappe* — trou, ouverture (Luke)
16 *crever* — v. **26,** 18
tuyau — (Rohr, Schlauch)
17 *cruche* — récipient de terre, à col étroit, à large panse (Krug)
cidre — boisson faite par la fermentation alcoolique du jus de pomme

déblayer — débarrasser qch de ce qui encombre; nettoyer
œsophage m — (Speiseröhre)
18 *conduit* — canal, tuyau par lequel s'écoule un liquide ou un gaz
boucher — fermer
20 *saoul* — ivre
abruti — incapable de rien comprendre, de rien sentir (abgestumpft)
21 *'hoquet m* — (Schluckauf)
24 *s'engourdir* — devenir insensible, sans mouvement, sans activité
pesant — lourd, qui pèse
27 *croissant* — (Mondsichel)
30 *fourré m* — endroit où poussent des arbustes, des broussailles (Dickicht)
36 *nom d'un nom !* — v. **15,** 12
à l'assaut ! — interj. militaire (auf zum Sturm!)
37 *contrevent m* — volet extérieur d'une fenêtre

57 4 *culbuter* — v. **28,** 37
6 *ahurissement m* — trouble, stupéfaction
7 *crossé* — fig. et fam.: poussé et traité durement
8 *chamarrer* — garnir, parer, au sens péj.
9 *vociférer* — dire des paroles en criant et avec colère
12 *gémir* — exprimer sa peine, sa douleur par des sons plaintifs; faire entendre des plaintes d'une voix inarticulée (jammern)
15 *baleine f* — (Walfisch)
25 *agenda de commerce* — (Terminkalender): l'officier faisait partie de la garde nationale (v. **58,** 7); il était marchand de drap dans le civil
27 *battre en retraite* — reculer, céder momentanément devant un adversaire
28 *évaluer* — fixer approximativement; estimer, juger
29 *hors de combat* — (kampfunfähig)

58 1 *garrotter qn* — lier qn étroitement et très fort (fesseln)
6 *sous-préfecture* — aujourd' hui la France métropolitaine comprend 95 départements, divisés en arrondissements et en communes. A chacun de ces échelons (Rangstufen) correspond un représentant du pouvoir central: préfet, sous-préfet, maire. Leur administration est installée à la préfecture, sous — préfecture, mairie
7 *La Roche-Oysel* — un nom imaginaire, inventé par Maupassant
garde-nationale — milice de citoyens armés, créée à la Révolution, supprimée en 1871
12 *aïeul, e* — grand-père, grand-mère
béquille — bâton surmonté d'une petite traverse, sur lequel s'appuient les gens infirmes (Krücke)
16 *veiller à qch* — prendre garde à qch; donner tous ses soins à qch
17 *la maison de ville* — hôtel de ville (où siègent la mairie et le conseil municipal) = Rathaus
18 *monter la garde* — surveiller en sentinelle (auf Wache ziehen)

20 *indigestion f* — trouble momentané des fonctions digestives, particulièrement de celles de l'estomac (Verdauungsstörung)
tourmenter — faire souffrir
22 *éperdument* — follement
23 *frénétique* — violent
28 *qui enleva cette affaire* — qui remporta ce grand succès
30 *décorer qn* — (jdn. mit Orden auszeichnen)